Terry Theise

MEIN WEIN

*Das Plädoyer
gegen den globalen Einheitswein*

Aus dem Englischen
von
Andreas Simon dos Santos

Tolkemitt Verlag

1. Auflage, September 2012

Copyright © 2012 Verlage Haffmans & Tolkemitt;
Alexanderstraße 7, D-10178 Berlin
www.haffmans-tolkemitt.de

Lektorat: Klaus Gabbert (Büro Z, Wiesbaden).
Korrektorat & Register: Ursula Maria Ott, Frankfurt/M.
Coverkonzept und Umschlaggestaltung: Frances Uckermann.
Produktion & Gestaltung von Urs Jakob,
Werkstatt im Grünen Winkel, CH-8400 Winterthur.
Satz: Fotosatz Amann, Aichstetten.
Druck & Bindung: Ebner & Spiegel, Ulm.
Printed in Germany.

ISBN 978-3-942989-24-4

Für Karen Odessa und Max

Inhalt

Vorwort

In gewisser Hinsicht ist dieses Buch nicht ausgereift. Ich habe es mit Bedacht als ein Stück weit unfertiges publiziert, denn das entspricht einer seiner Thesen – nämlich der, dass Unfertigkeit Spaß macht. Seit Jahrzehnten bin ich jenen Weinen verfallen, deren eigentümliche Kraft der Sanftheit uns um eine geeignete Sprache ringen lässt, um sie zu beschreiben. Ich habe gerade ein hilfreiches Buch von Stanley Fish gelesen, *How to Write a Sentence*, in dem der Autor über eine verständliche Sprache bemerkt: »Ein lapidarer Stil ist so geschliffen und gekürzt, dass er transparent wirkt. Er scheint nicht viel zu leisten. Er fordert keine Aufmerksamkeit. Er strebt nach einer Zurückhaltung, die es dem Gegenstand erlaubt, durchzuscheinen.«

Ich habe diese Wirkung des Schreibens immer bewundert, wie bei Bernhard Schlinks *Der Vorleser* mit seiner so sorgsam durchdachten Prosa oder bei jüngsten Gedichten von Robert Hass, die so schlicht daherkommen, dass wir uns fragen, was Lyrik eigentlich ist oder sein sollte. Die gleiche Wirkung habe ich auch in bestimmten Weinen gefunden – oder zumindest bilde ich mir das ein –, etwa in den Tropfen des Nahewinzers Helmut Dönnhoff und in den Weinen der Familie Saahs vom Gut Nikolaihof in der österreichischen Wachau. Ich hatte kein Wort dafür, und so habe ich eine Menge Pfeile darauf verschossen, in der Hoffnung, dass einer davon ins Schwarze träfe. Nun habe ich dieses schöne Wort »lapidar« entdeckt, das alle anderen Adjektive aus meinem Köcher verbannen wird.

Ungeachtet dieses hilfreichen verbalen Neuzugangs bleiben die alten Fragen bestehen. Was verhilft diesen scheinbar spröden Weinen zu einer solchen gleichsam göttlichen Ausstrahlung? Warum berühren sie mich so heftig? Wie kann es sie überhaupt geben? Dieses Buch versucht nicht zu ergründen, wie Antworten auf diese Fragen aussehen könnten, sondern wie sich diese am besten stellen lassen.

Ich war an der Mosel, es hatte seit Tagen geregnet. Gutes Arbeitswetter, sagten die Leute. Doch es war trostlos. Jeden Morgen spähte ich in den patschnassen Himmel und wünschte, dass es irgendwo in der Nähe ein Laufband gäbe, um wenigstens ein bisschen in Bewegung zu kommen.

Doch dann war es eines Tages trocken, sogar Sonnenstrahlen blitzten verstohlen durch die Wolken. Ich hatte eine Verabredung mit Willi und Christoph Schaefer in Graach und rief sie an, um ihnen anzukündigen, dass ich die sieben Kilometer von Zeltingen aus durch die Weingärten zu ihnen wandern und rechtzeitig eintreffen würde.

In den letzten Jahren wurde ein Netz von Pfaden durch die Weinberge gelegt, das den Wanderer von Dorf zu Dorf führt. Früher musste man sich die Wehlener Sonnenuhr noch erkraxeln, heute kann man aufrecht wie ein Gentleman den Pfad hinaufstapfen. (Wenig gentlemanlike schwitzte ich allerdings dabei wie ein Schwein, aber genoss es.) Der Pfad verläuft auf halber Höhe ein gutes Stück weit über dem Fluss. Man schaut das wahnsinnige Gefälle hinab und blickt hinauf zu den zwitschernden Bäumen. Ich verfiel in die schöne Gedankenverlorenheit, die sich einstellt, wenn man eine Weile ausschreitet und sich die Ideen langsam verflüchtigen. Die Luft war erfüllt vom Geruch nassen Schiefers.

So träumte ich dahin und verpasste meinen Pfad ins Tal. Das hatte ich nun von meiner Schwelgerei. Als ich schließlich den Weg nach Graach fand, kam ich an dem kleinen Gasthaus vorbei, wo ich mir einmal den Gaumen an einem Schnitzel verbrannt hatte, und da war das Haus der Kunsmanns, die früher eine Frühstückspension hatten, wo ich einst in der Dachkammer unter der Traufe geschlafen hatte und wo eines Morgens eine große Spinne mit fünf kleineren im Tross einen dicken Holzbalken entlang gemächlich zur Deckenmitte gekrabbelt war.

Das war 30 Jahre her. Ich fand es erfreulich, wie wenig sich verändert hatte. Als ich um die nächste Ecke bog, kam das Haus der Schaefers in den Blick.

Es war für die Familie ein bewegtes Jahr. Willi und seine Frau – nun Großeltern – übergaben das Haus der nächsten Generation. »Es gibt mehr Platz, als wir brauchen«, beteuerte er, »und wenn Christoph weiter Enkelkinder produziert, brauchen sie Platz zum Spielen.« Die älteren Herrschaften wollten in ein kleines Häuschen auf der Talhöhe ziehen. »Aber ich werde jeden Tag hier unten im Weingut sein«, fügte Willi eilig hinzu. Ein schöner Gedanke, wie die beiden beim Frühstück den Ausblick über das Tal genießen würden. Über alles wurde sehr pragmatisch geredet, obwohl es nicht um nüchterne Dinge ging. Hier wurde nichts weniger als ein väterliches Erbe, das seit 1590 existiert, von einer Generation zur nächsten weitergereicht.

Eine Stunde später blickte ich auf ein Satellitenbild des Berghangs, auf dem mir die Schaefers ihre Parzellen zeigten. Sie besitzen über ein Dutzend in der Lage Domprobst und mehrere Dutzend in der Lage Himmelreich. Die allerorten in Europa durchgreifende Flurbereinigung ist an diesen Orten spurlos vorbeigegangen. Ich fragte mich, ob der logistische Alptraum, 30 oder 40 hie und da über den Weinberg verstreute briefmarkengroße Parzellen mit biologischem Weinbau zu bestellen, Biopuristen wohl den Atem verschlagen würde. Es ist staunenswert, wie viele parzellenspezifische Weine die Schaefers abfüllen. So vielfältige Abfüllungen mit demselben Namen scheinen so manchem Weinfreund ein Ärgernis zu sein – immer diese unerträgliche deutsche Exaktheit. In Wirklichkeit sollten wir diese Vielfalt wie eine bedrohte Spezies bewahren. Siehe: Es gibt noch Menschen, die bereit sind, uns ihre enge Vertrautheit mit dem Land und dessen schönen Nuancenreichtum in Form guten Weins zu erschließen.

Wir verkosteten den neuen Jahrgang und aßen dann zu Mittag. Dazu gab es einen alten Tropfen aus Willis Keller, nichts Extravagantes. Wir lachten viel und alberten herum wie immer. Ohne sentimental zu werden: Jenseits bloßer Ausgelassenheit strahlen Familien wie diese, wo die Generationen einträchtig zusammenleben und ihr Erbe von einer zur nächsten weiterreichen, ein tiefes Glück aus, das uns zu sagen scheint: »Schau her, es ist doch gar nicht so schwer.«

Winzerfamilien wie die Schaefers sind der Grund, warum ich vom Terroir überzeugt bin. Es ist für mich weder ein Dogma noch ein Glaube, sondern eine schlichte Tatsache. Die Weine selbst führen mich zu dieser Ansicht. Es ist nicht nur eine rationale, empirische Frage; es ist eine Frage der Güte.

Winzer und Weintrinker spalten sich in zwei Gruppen: in jene, die meint, dass Wein »gemacht« wird, und jene, die überzeugt ist, dass man ihn »anbaut«. Das sind zwei fundamental unterschiedliche, sich gegenseitig ausschließende Herangehensweisen an den Wein ebenso wie an das Leben. Wenn ein Winzer aus seiner alltäglichen Erfahrung heraus überzeugt ist, dass die Aromen aus seinem Boden stammen, wird er sich mühen, sie zu bewahren. Das bedeutet, er wird nichts tun, um sie zu hemmen, zu trüben oder zu verändern. Er überformt seinen Rohstoff nicht mit seinem eigenen wunderbaren »Konzept«, sondern er respektiert ihn. Er sieht seine Aufgabe darin, ihn freizusetzen und wie ein Neugeborenes mit einem Klaps auf den Hintern in die Welt zu entlassen.

Bei einem Winzer dagegen, der sich als »Weinmacher« versteht, dreht sich alles um die Vorstellung, die er a priori von dem Produkt besitzt, das er herstellen möchte. In diesem Fall ist der Rohstoff eine zu meisternde Herausforderung, dessen Eigenart fast etwas Störendes hat. Man wird Experte für Systeme und Prozesse. Man macht Weine wie ein Pilot, der eine Verkehrsmaschine fliegt. Es ist nichts Schlechtes daran, ein guter Pilot zu sein, doch im Vergleich dazu sind Winzer, die Wert auf das Terroir legen, eher wie Nils Holgersson: Sie fliegen auf dem Rücken eines Vogels.

Damit verbindet sich eine Bescheidenheit, die wir fleißigen Selbstanbeter kaum je begreifen. Solche Weinbauern nehmen sich zurück, ohne sich dadurch zu verkleinern – eher im Gegenteil. Und manchmal nehmen ihre Weine ähnliche Eigenschaften an, die wir ebenfalls missdeuten. Das liegt an unserem Durst nach Weinen, die für uns eine Schau abziehen. Manche Tropfen begnügen sich aber mit dem Part des ehrlichen Begleiters und überlassen die Paraderolle den Speisen.

Eines Abends machte ich ein Glas mit einer schwarzen

Trüffelpaste auf. Mir schwebte so etwas wie Daniel Bouluds berüchtigter Hamburger mit schwarzem Trüffel und Foie gras vor. Ich wollte auch einmal dekadent sein, also besorgten meine Frau und ich uns Kalbshack, formten daraus mit der Trüffelpaste ein paar schiefe Frikadellen und pflanzten diesen zur Krönung je ein Stück Trüffelbutter von D'Artagnan auf. Tja, das schmeckte tatsächlich wunderbar, aber was sollten wir dazu trinken?

Wir landeten bei einem »einfachen« St. Laurent aus Österreich von Erich Sattler. Wir hätten auch mit einem bescheidenen Chorey-les-Beaune glücklich sein können (falls wir den dreifachen Preis hätten berappen wollen), aber ein Upgrade auf einen Réserve-Wein schied von vorneherein aus, denn der wäre zu fruchtig gewesen, und vielleicht hätte sich Eichenaroma bemerkbar gemacht, wo diese sündhaften kleinen Fleischklöße doch gar nicht so viel Hexerei benötigen. Der St. Laurent erwies sich für unsere Trüffelburger als wahrhaft kongenialer Begleiter.

Besinnungslos greifen wir nach den Sternen, wollen stets die allerteuersten Kreszenzen. Stattdessen wäre es vielleicht besser, sozusagen die »Karaffe zu rocken«. Wenn es etwas gibt, für das ich stehe, so ist es mein Beharren darauf, dass wir bescheidene und stille Weine schätzen lernen sollten. Wir sollten ihre Schönheit entdecken und können dabei – *psst!* – sogar noch Geld sparen.

Ich stelle mir vor, dass irgendeinem gefeierten Star der Weinwelt – mir kommt spontan Marcel Guigal in den Sinn – auf einer Bühne eine Trophäe überreicht wird, die Auszeichnung dafür, dass er für seine weit über 200 Dollar teuren Tropfen im Schnitt 98,3 Parker-Punkte erzielt hat. Hinten, bei der allgemeinen Verkostung, werden unterdes-

sen die Stände abgebaut, und jemand tritt auf einen Rhone-
winzer zu, dessen zehn Euro teurer Côte du Rhône sein
Gefallen gefunden hat. »Vielen Dank für diesen Wein«, sagt
er. »Er macht mich glücklich.«
Keine Frage, wo ich lieber wäre.
Laute Weine führen uns unweigerlich zu immer stärkerer
Vergröberung und sinnlicher Inkohärenz. Sie machen von
Zeit zu Zeit Spaß, aber wie die meisten gröberen Genüsse
lassen sie sich leicht missbrauchen und sind sehr schlecht
für uns. Meinen Verkaufskatalogen ist ein kleines Manifest
angefügt, das ich kürzlich um eine bewusst vieldeutige
Bemerkung erweitert habe: »Viele Weine, selbst gute, lassen
dich den Lärm schmecken. Aber nur die allerbesten geben
dir Stille zu kosten.« Dieses Statement ist weitgehend
unkommentiert geblieben. Ich habe den Verdacht, meine
Kunden übergehen es höflich, weil sie es töricht finden.

Was meine ich damit? Ich könnte sagen: Ein Wein, der
dir so etwas bietet, bricht das Brot mit den Engeln. Aber es
macht natürlich nicht viel Sinn, einfach einen lyrischen
Ausdruck mit einem anderen zu erklären. Wenn ich also
davon spreche, »Stille« oder »Lärm« zu »schmecken«, erliege
ich da nur einer lyrischen Anwandlung, oder spreche ich
von etwas Fasslichem?

Machen wir es konkreter. Denken Sie an die Art, wie
ein Wein Sie begrüßt. Die Franzosen sprechen von *attaque*
(Angriff), zu Deutsch nennt man es den ersten Anflug.
Gemeint ist der allererste Eindruck, den uns ein Wein von
sich gibt. Er kann forsch sein, aufdringlich, mächtig oder
leise, zurückhaltend, spröde. Bei jeder neuen Flasche gibt
es da immer diesen besonderen Augenblick, und mir ist
bewusst, dass ich ihn vorwegnehme und mich frage: »Wie

wird er sein?« Es ist, als würde man eine neue Person kennen lernen, bevor man irgendetwas über sie weiß; man reagiert instinktiv und überlässt sich der »Chemie«. Wir sind in diesem Moment bemerkenswert lebendig, unsere Sinneszellen laufen heiß, unser Interesse entflammt.

Einige Weine sind im Anflug stürmisch. Sie rempeln dich an. Sie sagen sofort ihren Spruch auf und ziehen ihre Masche ab, sie wollen, dass du sie magst, sie legen sich mächtig ins Zeug, um uns zu unterhalten. Aber manchmal steigt in dir der melancholische Verdacht auf, dass es dabei gar nicht um dich geht. Sie machen es mit jedem, sie wollen gemocht werden und suchen nach Anerkennung. Das ist ihre Nummer. Häufig ist es sogar amüsant, solchen Tropfen zu begegnen, aber nur manchmal verbirgt sich hinter dem Gepolter gar ein echter, ernsthafter Charakter.

Das ist also damit gemeint, wenn ich beim Wein davon spreche, »den Lärm zu schmecken«.

Bei einer anderen Gelegenheit begegnet dir jemand, der eigenartig gelassen und ruhig daherkommt. Diese Person schert sich nicht weiter darum, welchen Eindruck sie auf dich macht. Sie muss nichts beweisen. Doch häufig beehrt sie dich mit charmanter Aufmerksamkeit, als wäre sie unverhofft sehr von dir angetan. Du sprichst eine Weile mit diesem fesselnden Wesen und bleibst angeregt und froh zurück, als hätte jemand das Beste aus dir herausgeholt. Doch die Person selbst ist ein weißes Blatt geblieben, sie erscheint wie eine schöne Spröde, die nichts über sich verrät.

Auf eine solche Person wirst du sehr neugierig. Worauf beruht ihre Gelassenheit? Wieso ist sie so sicher und gefestigt? Wie anmutig sie ist und wie mühelos sie diesen Eindruck erweckt! Während der Protz sofort lebendig wird,

wenn das Scheinwerferlicht auf ihn fällt, glüht diese Tief-
gründige von innen heraus. Das bedeutet es also, wenn ich beim Wein davon spreche,
»die Stille zu schmecken«. Solche introvertierten Weine
scheinen einen hauchfeinen Vorhang zuzuziehen. Wenn
er sich schließt, fällt plötzlich die Welt von uns ab. Solche
Tropfen schlagen die Sorgen in die Flucht, sie schenken
Gelassenheit und Seelenruhe und beflügeln deine Tag-
träume. Und all das ohne erkennbare Anstrengung. In eindringlicher, ergreifender Weise verbinden sie heitere
Bescheidenheit mit einer rätselhaft numinosen Schönheit.
Solche Weine stecken obendrein voller Geschmack, sie sind
häufig die bewegendsten und komplexesten Tropfen, die
wir jemals erleben können. Sie ziehen dich in einen Theta-
wellentanz, lösen deine inneren Verkrustungen und verflüs-
sigen dich bis hinab ins Mark.

Solche Tropfen sind nie laut. Oberflächliche Aufmerksamkeit werden sie dir nicht vergelten. Aber je tiefer du in
sie eindringst, desto größer der Gewinn, denn das sind nicht
einfach große Weine, es sind große Lebensmomente, wenn
du von ihnen kostest. Sie eröffnen eine neue Aussicht, stoßen dich auf unverhoffte Möglichkeiten, deren Existenz du
bezweifelt hattest – auf ein geheimnisvolles Wunder, von
dem du nicht ahntest, dass es in dir wohnt. Dir wird klar,
dass sich der hedonistische Spaß verflüchtigt; er bleibt nicht
haften. Das ist der Grund, warum wir ihm so verzweifelt
nachjagen. Dies hier jedoch bleibt. Tatsächlich verändert es
dein Leben, mag es kaum merklich sein. Es ist nur ein
flüchtiger Blick auf eine Möglichkeit, die du nicht ausloten
kannst: winzig, zart, unvergesslich.

Diese Erfahrung bewegt dich, aber wenn du versuchst,

darüber zu sprechen, kommst du dir wie ein Narr vor. Weil dir die Sprache fehlt, stotterst du herum, sodass die Leute glauben, du hättest gerade zu tief an der Haschpfeife gesogen. Als Gefühl und spirituelle Empfindung ist es für dich völlig real, aber in der Sprache bleibt es nebulös. Wie unterscheiden wir zwischen Weinen, die inszenieren, und solchen, die offenbaren?

Inszenatorische Weine können brillant und sprühend sein, aber manchmal spüre ich, wie angestrengt sie mich beeindrucken, wie geschäftig sie mich in Erstaunen versetzen wollen. Offenbarende Weine bleiben einfach sie selbst, als läge die Ruhe von Natur aus in ihnen. Erinnern wir uns, wie aufschlussreich das Antlitz eines Menschen ist, wenn es, vielleicht beim Lesen oder Schlafen, keine aufgesetzte Miene zur Schau trägt. Du blickst in das Gesicht und siehst die Person hinter der Persönlichkeit. Das ist es, was offenbarende Weine sichtbar machen.

Man kann diese Erfahrung »spirituell« nennen, aber dieses arme Wort wurde längst herabgewürdigt. Wenn du die Stille in einem Wein schmeckst, verspürst du einen Frieden, der weit entrückt ist von allem Zwang und aller Hast. Es ist wie die Aussöhnung nach einem Streit. Ich liebe sie: Warum also mit ihr streiten? Es ist ein seltsamer und bewegender Frieden, der sich nur auf diese Weise einzustellen scheint, um uns dorthin zu bringen, wo alles seinen Platz hat und in Ordnung ist. Diese Weine scheinen so still zu sein, dass sie nur mit dir flüstern, damit du dich beruhigst und, lauschend, schließlich in der Lage bist, nicht nur ihre eigene aromatische Psalmodie zu vernehmen, sondern die Zärtlichkeit und Heiterkeit, die immer um uns ist.

Einleitung

»Some people will never learn anything, for this reason,
because they understand everything too soon.«

Alexander Pope

Ich schulde mein Weinleben zwei Menschen: Hugh Johnson und Rod Stewart.

Als Erster kam Rod. Das war auf einem Konzert der Faces im Fillmore East an der Second Avenue in New York, der »Kirche des Rock'n Roll«, die zum Leidwesen vieler bald ihre Pforten schloss. Irgendwie war es mir gelungen, einen Sitz in der ersten Reihe zu ergattern. Konzerte der Faces in jenen Tagen waren wie Scheunenproben voll feuchtfröhlicher Seligkeit. Rod hing immer wieder an einer Flasche Mateus Rosé, und bei einer Gelegenheit reichte er sie an einen zappelnden Rocker in der ersten Reihe herunter, der einen triefenden Schluck daraus nahm und sie weitergab. Dann war ich an der Reihe. Mein erster Schluck Wein. Es war ekelhaft. Ich reichte die Pulle dem nächsten Typ. Vom letzten Hippie in der Reihe erhielt sie Rod schließlich wieder zurück, woraufhin er mit vergrätzter Grimasse so tat, als wäre er jetzt tierisch sauer, dass wir sie völlig ausgetrunken hatten.

Unterschwellig vermittelte sich mir die Botschaft: Wein ist cool, Rockstars trinken ihn. Ich will *auch* ein Rockstar sein. Das war es, worauf es ankam. Ich musste wenigstens so tun, als ob ich Wein mochte.

Jahre später erkenne ich im Rückblick, dass dies eben

jener Augenblick war, in dem Wein, oder besser, die *Idee* von Wein, in mein Leben trat. Nicht weil ich das Zeug mochte, sondern weil ich die Vorstellung aufgesogen hatte, dass sich mit Wein Geselligkeit und Sexappeal verbinden.

Als ich älter wurde, besorgte ich sonntagabends für meine Liebste *du jour* öfter eine Flasche Wein. Auch den fand ich meist ziemlich ungenießbar. Der erste Tropfen, der in mir tatsächlich erstmals den Wunsch aufkommen ließ, ihn abermals zu versuchen, war dann (und da geht sie schon flöten, meine Reputation): Blaue Nonne. Es war ein neuartiges Gefühl, Wein zu mögen, und auch eine Erleichterung, zu etwas nicht ganz so Hochprozentigem greifen zu können, das dafür mit Fruchtigkeit glänzte.

Das fünfte bis achte Schuljahr verbrachte ich in München, wo mein Vater von 1965 bis 1969 Chef der europäischen Abteilung von Voice of America war. Die Jahre in der Mittelstufe hinterlassen in der Persönlichkeit und dem Selbstbild der meisten Menschen prägende Spuren. Hier entscheidet sich, welche Klamotten und Bands man mag und mit welcher Clique man herumzieht (bzw. welche Clique einen haben will). Auf mich hatte die Zeit in Deutschland den nachhaltigsten Einfluss, und ich wollte, nachdem ich mit meiner Familie wieder in die Vereinigten Staaten gezogen war, unbedingt eines Tages zurückkehren. Schon bald erfüllte ich mir diesen Wunsch. Ich nahm eine – wie ich damals noch meinte, vorübergehende – Auszeit vom College und reiste mit meiner Freundin nach Europa, wo wir mit einem völlig zerbeulten Opel, den wir von der Straße weg gekauft hatten, durch die Lande gurkten.

Monatelang durchstreiften wir in dieser Kiste den Kontinent, doch unser Geld reichte längst nicht so weit, wie wir gedacht hatten. So landeten wir schließlich wieder in München; von alten Freunden der Familie hatten wir den Tipp bekommen, dass es bei der US-Armee gewöhnlich Jobs für zivile Hilfskräfte gab. Und hier kommt, auch wenn es unwahrscheinlich klingt, der Weinpapst Hugh Johnson ins Spiel.

Wir ließen es uns gut ergehen. Nachwuchsschlemmer, die wir waren, gönnten wir uns immer öfter einen Tropfen Wein. Es blieb nicht lange bei einem Fläschchen am Samstagabend, rasch gesellte sich am Freitag und Sonntag jeweils noch eins hinzu. Ich ging jede Woche welchen einkaufen, samt und sonders Fusel aus dem Supermarkt. Doch dann geschah dreierlei.

Ich hatte aufs Geratewohl ein Tröpfchen gekauft, das uns außerordentlich mundete, doch als ich mehr davon besorgen wollte, war alles weg: ausverkauft, ein für allemal. Die Lehre daraus konnte nur sein: Ist der Wein gut, kauf schnell mehr davon. So fing ich an, einen Weinkeller anzulegen, ein furchtbar großspuriges Wort für die paar Dutzend Flaschen, die wir in einem Plastikregal aus dem Kaufhaus stapelten. Doch jede Handvoll Weine, die über den gerade geöffneten hinausgeht, ist de facto ein Weinkeller, und nun besaß auch ich einen.

Zweitens erwarb ich zum ersten Mal eine Flasche mit einem Saft, der sich »Riesling« nannte. Eine Offenbarung! Ich hatte noch nie einen Wein mit *so viel* Geschmack gekostet, der nicht »fruchtig« war. Er schmeckte wie stilles Mineralwasser aus Wein statt Wasser. Ich musste herausfinden, was es mit diesem seltsamen Zeug auf sich hatte.

Einer der Vorzüge, die wir bei der US-Armee genossen, war der Zugang zur Kasernenbibliothek, und eines ihrer

Bücher war – Sie erraten es – Hugh Johnsons *Der große Weinatlas*. Die Bilder darin waren hübsch anzusehen, sagte ich mir beschwichtigend, falls mir sein Wortreichtum doch zu viel werden sollte. Doch worin dieser Reichtum bestand! Welche Seite man auch aufschlug, überall sprangen einem elegante Wendungen, poetisches Einsprengsel und, für mich am überraschendsten, eine ungenierte Emotionalität entgegen. Die großen Jahrgänge der Saar (wenige Autostunden von mir entfernt) erbrachten, so schwelgte Johnson, »jene unnachahmlichen großartigen Weißweine, die Schluck für Schluck bezaubern. ... [Die Saar] bringt Wein zustande, dessen Ausgewogenheit und Tiefe einfach zu immer neuem Schnuppern und Schlucken verleiten.« Jeder Schluck sei, so jubilierte der Autor an einer Stelle, »ein Grund zum Frohlocken und Staunen«.

Frohlocken und Staunen? Na gut, also das Frohlocken konnte ich ja noch gerade so nachvollziehen, schließlich gab es etwas Ähnliches auch beim ersten Biss in einen perfekten Cheeseburger, wenn man nur darauf achtete. Aber Staunen? Gab es da etwas an diesem Rebsaft, das ich mir nicht hatte träumen lassen? Schlummerte im Wein ungeahnte Schönheit?

Ich machte mich daran, so gut es ging und soweit ich es mir leisten konnte, die Weine zu lokalisieren, über die Johnson schrieb. Ich versuchte, sie aufmerksamer zu kosten und festzustellen, ob sie zu mir sprachen. Manchmal taten sie es, manchmal tastete ich ratlos herum. Die Abbildungen in Johnsons Werk machten Lust darauf, diese wunderschönen Weinberge zu besuchen, und bald fand ich, dass es an der Zeit wäre, sie selbst einmal in Augenschein zu nehmen.

Da wir schon einmal in Deutschland lebten – zumal in

einer Zeit, als deutscher Wein noch nicht aus der Mode gekommen war – und die deutschen Weinbaugebiete nur einen Katzensprung entfernt lagen, suchten wir sie als Erste auf. Bewaffnet mit Karten und Listen empfohlener Lagen und Produzenten machten wir uns auf die Fahrt. Wir stellten den Wagen am Rande der Weindörfer ab und klopften an die Türen der Winzer.

Vermutlich war noch nicht bei allzu vielen der Weinbauern, die wir beehrten, jemals ein langhaariger Freak mit einer Latte schräger Fragen und einem winzigen Portemonnaie hereingeschneit. Doch zu meinem unerhörten Glück fand ich damals, und seither noch viele Male, dass deutsche Winzer die großzügigsten und gastfreundlichsten Menschen sind, die ich je getroffen habe. War man nur interessiert und neugierig, scheuten sie weder Zeit noch geizten sie mit Proben. Wenn ich sie nach ihren Weinbergen fragte, packten sie mich am Arm, führten mich auf ihre Hänge und klärten mich bis ins kleinste Detail über Geologie und Mikroklima auf; fragte ich nach Jahrgangsweinen, holten sie Flaschen und Korkenzieher hervor. Wie heftig ich auch protestierte, es war vergebens. Ich gestand ihnen, dass ich nur kleine Mengen von vielen verschiedenen Weinen benötigte, um mir einen Überblick zu verschaffen und dazuzulernen, und bekam zur Antwort: »Kaufen Sie, was Sie mögen, das spielt keine Rolle.«

Meine Welt änderte sich von Grund auf. Es war Mai 1978, und ich hatte etwas gefunden, von dem ich gar nicht wusste, dass ich es gesucht hatte. Oder es hatte mich gefunden.

Wein, so entdeckte ich, kann das Leben mit wahrer Schönheit erfüllen. Er betört die Sinne. Er ist unendlich

wandelbar und wartet stets mit wunderbaren Variationen
seiner Themen auf. Er ist nicht nur anmutig, er ist faszinierend. Er wird in malerischen Gegenden von gutartigen
Menschen hergestellt. Und viele Weine bergen Aromen,
deren Fülle mich schier überwältigte. Musik ist ähnlich
flüchtig, doch ihre Wirkungen lassen sich gewöhnlich
beschreiben: heiter, traurig, unheimlich, düster, pastoral,
ekstatisch, sanft ... Aber Wein? Wie soll man ihn in Worte
fassen?

Ich lebte weitere fünf Jahre in Europa und besuchte die
meisten der wichtigsten Weinbauregionen, gab ein Vermögen für edle Tropfen aus und verbrachte viel zu viel Zeit
mit meiner neuen Obsession – ganz abgesehen davon, dass
ich, wenn die Götter es nicht verhüteten, alle möglichen
Leute mit dem Thema zu Tode langweilte. Wir sind alle ein
bisschen verrückt, wenn wir in etwas vernarrt sind.

Meine Glückssträhne ließ mich nicht im Stich. Ich machte
mich mit jeder Weinregion intensiv vertraut, indem ich dort
weilte, ihre Panoramen, Gerüche, Horizonte in mich auf-
sog – ob die Hunde nun an der Leine lagen oder frei umher-
liefen, ob mir die Gegend gastfreundlich erschien (wie Burgund) oder streng und verschlossen (wie Bordeaux). Bei
alledem hatte ich die Prosa von Johnson und anderen im
Hinterkopf. Es gibt keinen besseren Weg, sich nicht nur
über Wein klug zu machen, sondern ihn zu ergründen. Ich
gehörte keiner Verkostergruppe an und besuchte keine
Weinkundekurse. Es gab noch kein Internet mit einschlägigen Foren, auf denen man Fachsimpeleien austauschen
konnte. Wie im Fieber eignete ich mir alles selbst an. Meine
Freundin Tina wurde zu meiner ersten Frau; zum Glück
war sie ein geduldiger Mensch. Wein wurde für mich etwas

zutiefst Intimes; erst später verband er sich mit Geselligkeit und Ausgelassenheit.

Es trieb mich, etwas darüber zu schreiben, lange bevor ich etwas Gehaltvolles zu sagen hatte. Das Schreiben gefiel mir, ich dachte, ich könne so meine Erfahrungen von verschiedenen Weinen und vom Wein im Allgemeinen abrunden. Irgendwo in einem staubigen alten Schuhkarton gammelt noch ein krudes Manuskript für ein geplantes Weinbuch vor sich hin, das zu schreiben ich mir noch nicht das Recht erworben hatte. Ich könnte es hervorkramen, aber ich bezweifle, dass ich die Lektüre ertragen würde. Trotzdem war dieses frühe Bedürfnis, mein Wissen zu ordnen und meine Erfahrungen zu schildern, hilfreich, nicht zuletzt, weil ich einige Kapitel des Buches für Artikel ausschlachten konnte, die in einer amerikanischen Zeitschrift namens *Friends of Wine* erschienen. Dafür gab's sogar noch Geld! Natürlich habe ich den ersten Honorarscheck in Wein investiert: einen 1970er Château Montrose und einen Château Léoville-las-Cases, wenn ich mich nicht irre. Voller Nostalgie tätschelte ich den Montrose 26 Jahre lang immer wieder, bevor ich ihn eines Tages dann doch entkorkte.

Anfang 1983, als ich nach zehn Jahren Deutschland in die USA zurückkehrte, wollte ich nichts anderes, als ins Weingeschäft einzusteigen, und ich habe damit, wie ich wohl sagen darf, mein Glück gemacht. Mein Einstieg war mühsam, aber mit der Zeit kam ich doch voran. Ich stellte ein kleines Portefeuille deutscher Weine von vielen meiner alten Freunde zusammen. Jahre später trug ich mein Teil dazu bei, die herrlichen neuen Weine Österreichs in den Vereinigten Staaten bekannt zu machen. Außerdem brachte ich, unbeeindruckt von der Gleichgültigkeit und dem Spott, mit dem ich mich immer wieder herumschlagen musste, eine Schar kleiner Sekthersteller in den argwöhnischen amerikanischen Handel und hängte mir damit neben der Sisyphosarbeit des Tagesgeschäfts noch ein zusätzliches Bleigewicht um den Hals. Als Weinhändler verfüge ich offenbar über die teuflische Gabe, mir uncoole Weinsorten auszusuchen. Aus immer noch ungeklärten Gründen war der deutsche Wein Mitte der 80er Jahre, als ich mit ihm zu handeln anfing, in den Vereinigten Staaten mausetot. Ein Jahrzehnt später, als ich mich des österreichischen Weins annahm, hatte bei uns niemand davon gehört, außer von einem Fall, wo jemand Frostschutzmittel hineingepantscht hatte. Schließlich wollte niemand glauben, dass es glücken könnte, »namenlosen« Sekt aus Europa in Amerika an die Frau oder den Mann zu bringen.

Es ist nicht so, dass ich die Herausforderung unbedingt suchte, aber ich schreckte auch nicht vor ihr zurück. Ich habe mich nicht bewusst auf die Suche nach sonderbaren oder schwierigen Weinsorten gemacht, ich bin nur meinem seltsamen Glücksstern gefolgt. Als ich Jahre später für ein Magazinporträt gefragt wurde, wie es sich so anfühlt, ewig einen unpopulären Geschmack zu haben, erwiderte ich: »Es macht mich wohl einfach glücklich.« Dasselbe würde ich heute auch noch sagen.

Im Juni 2008 erhielt ich den James Beard Award in der Kategorie Wine and Spirits Professional; das ist so eine Art Oscar unserer Branche. Als ich den Preis entgegennahm, dachte ich an jene ersten prägenden Jahre zurück und war überwältigt von allem, was mir geschenkt worden war. Dieses Buch erzählt davon, wie ich aus jenen frühen, stillen

Wanderungen durch entlegene Weinberge auf die Bühne der Avery Fisher Hall in New York gelangte (ein letzter Fußweg, der mir fast länger vorkam), nachdem mein Name aufgerufen worden war. Ich finde, es ist Zeit, etwas zurückzugeben und davon zu erzählen, was Wein im Leben eines Menschen bedeuten kann.

Das zentrale Argument dieses Buches ist, dass uns Wein mystische Erfahrungen schenken kann – allerdings nicht alle Weine. Sie müssen bestimmte Vorbedingungen erfüllen, die ich noch erörtern werde. Es beginnt damit, unseren Gaumen besser zu verstehen und wirklich kennen zu lernen. Es geht weiter mit der Kultivierung einer bestimmten Herangehensweise an Wein, die seine feineren gegenüber seinen gröberen Qualitäten bevorzugt, die leisen gegenüber den lauten.

Wenn Sie Wein mit ihrem ganzen Selbst erfahren wollen – nicht nur mit Ihrem Geist und Ihren Sinnen –, muss er authentisch sein. Authentizität gründet in der Verwurzelung in einer Winzerfamilie, in einem bestimmten Boden und der besonderen Anbaukultur sowie in der Art, wie sich diese verschränken. Hilfreich ist ein geringer Produktionsumfang. So erhält man den Grundstock eines Bewertungssystems, mit dem sich *echter* Wein beurteilen und verstehen lässt.

Ich werde auch auf einige schädliche Tendenzen eingehen, um meinen Standpunkt besser herauszuarbeiten, denn in der Weinwelt wird das Gute ständig vom Falschen und Großtuerischen bedroht. Es gibt dort einen Kampf zwischen zwei Lagern von Weintrinkern, bei dem es nicht immer gesittet zugeht. Ich werde versuchen, mit Anstand durch die Kampflinien zu schreiten.

Ich hatte das Glück, Wein auf die beste aller Arten kennen zu lernen, in der Alten Welt inmitten von Weinstöcken und in der Gesellschaft von Familien, die ihn anbauen. Man könnte es eine »klassische Bildung« nennen, die es mir ermöglichte, die Maßstäbe des Weinbaus aus erster Hand zu erlernen, zu verstehen, was in den Mittelpunkt gehört, und zu lernen, wie man das Wichtige vom Nebensächlichen trennt.

Am Ende des Buches möchte ich Ihnen einige eigene Erfahrungen mit Wein schildern, die das Gesagte veranschaulichen.

Wenn das, was ich hier niederschreibe, zuweilen verschlungene Wege geht oder sich wiederholt, macht mir das nichts aus; tatsächlich hoffe ich es sogar. Ich möchte hier weniger eine strenge, verkopfte Argumentation bieten, als vielmehr von einer lebenslangen Verzauberung erzählen. Zuweilen mag Ihnen die Definition von Begriffen, die Sie bereits kennen, lästig fallen, oder auch der Mangel an Erklärungen, wo Sie welche benötigt hätten. Sie, die wirklichen Leser, werden nicht immer mit den hypothetischen übereinstimmen, die mir beim Schreiben über die Schulter geschaut haben. Dafür entschuldige ich mich im Voraus.

Dies ist zwar keine Einführung in die Welt der Weine, doch wäre ich ein Pädagoge, so würde ich Ihnen als Erstes dies zurufen: Jeder, der etwas über Wein erfahren will, sollte in der Alten Welt beginnen, wo der Wein seinen Ursprung hat. Er ist dort tiefer verwurzelt. Mögen sich die Verhältnisse in allem Übrigen gleichen, so ist dort das Kunsthandwerkliche stärker ausgeprägt, ist die Herstellung kleinteiliger und bescheidener und wird nicht so leicht von flüchtigen Moden durcheinandergewirbelt. Ihre Weine werden von

Winzern geschaffen, die von anderen Winzern abstammen, häufig seit Dutzenden und mehr Generationen. Sie sind keine Emporkömmlinge und Gernegroße oder Flüchtlinge aus anderen Berufsbereichen wie Architektur, Dermatologie, Software-Design oder kommunale Abfallentsorgungssysteme. Sie wissen nichts vom Wein als »Lifestyle«, und wollte man ihnen davon erzählen, erntete man wohl ratlose Blicke. Sie kutschieren nicht in riesigen weißen Stretchlimousinen herum wie jener, die pompös im Weingut Opus One im kalifornischen Napa Valley an mir vorbeirauschte, als ich es letztes Jahr besuchte (ich bezweifle, dass es an Orten wie Ürzig, Séguret, Riquewihr oder Vétroz überhaupt ausreichend Platz dafür gäbe). Nie würde eine Zeitschrift wie *Bon Appétit* Fotos von den Küchen solcher Winzer oder ihren Gartenfesten schießen.

Mit den Weinen der Alten Welt zu beginnen ist auch deshalb sinnvoll, weil sie einem nicht alles abnehmen. Wer sich mit Weinen nicht auskennt, wird sich fragen, was ich damit meine. Trotz des Klimawandels eignet den Weinen der Alten Welt (besonders nördlich der Alpen) eine gewisse Reserviertheit. Sie sind nicht unnahbar, aber auch keine extravaganten Geselligkeitsweine, die sich als Seele jeder Festlichkeit aufdrängen. Sie spielen nicht mit maximaler Lautstärke und können Menschen mit einer geringen Aufmerksamkeitsspanne undurchdringlich vorkommen. Sie beziehen den Genießer jedoch in ihren Reigen ein, machen ihn zum Mittänzer. Sie lassen ihn nicht unbeteiligt, sondern fesseln ihn, es sei denn, er entscheidet sich dazu, sie zu ignorieren. Natürlich zeichne ich hier ein Bild mit groben Strichen, aber ich überfrachte es wenigstens nicht mit Petitessen. Meine Grundüberzeugung ist die: Die Weine der Alten Welt fordern dich auf, mit ihnen zu tanzen; die Neuweltweine drücken dich der Länge nach auf einen Stuhl und vollführen einen verführerischen Schoßtanz vor dir – aber anfassen verboten.

Schon andere Autoren haben die ungleichartigen Paradigmen der Weine aus der Alten und der Neuen Welt beschrieben. Es ist eine generelle Regel, die ihre Ausnahmen hat, ohne jedoch deshalb weniger gültig zu sein. Abgesehen von einigen ehrenhaften Sonderfällen sind Weine der Neuen Welt von einer Art Überschwang gekennzeichnet, der den Trinker von einem Teilnehmer in einen Zuschauer verwandelt. Diese großen, emphatischen Weine machen einiges her, bieten mit jedem Schluck Geschmacksexplosionen und aromatische Verfolgungsjagden. Ein Weinneuling mag das erfreulich finden. Solche Weine versteht man auf Anhieb. Man muss sich nicht um Feinheiten sorgen, die man nicht erfasst. Doch schließlich werden solche Tropfen schal.

Die meisten Weine der Neuen Welt orientieren sich an der Meßlatte, die die Alte Welt bereithält. Das Original ist der große Roman; der Neuling ist die TV-Serie zum Kinofilm nach der Romanvorlage. Nicht nur wird in der Fernsehbearbeitung die Komplexität der Geschichte vertan, die ganze Erzählung schrumpft auf passive Unterhaltung zusammen und löscht die lebendige, atmende, fantasievolle Erfahrung aus, die den Akt des Lesens ausmacht.

Wein kann unser innerstes Wesen, unsere Seele ansprechen. Alles, was er dazu braucht, ist eine eigene Seele. Eine Seele lässt sich aber nicht einfach so fabrizieren; sie kann nicht von Vermarktern für ein Zielpublikum zurechtmodelliert werden. Sie muss vielmehr mit Familien verknüpft sein, die mit ihrem Land und seiner Kultivierung verbunden sind und sich damit bescheiden, ihre Wingerte mit deren eigener Stimme sprechen zu lassen. Solche Weine sind echt, weil sie nicht darauf bestehen, dass man bei ihrem Genuss einen Großteil seiner eigenen Persönlichkeit ausblendet. Dies gilt ganz unabhängig von ihrer Güte – die kommt erst danach. Man kann viele Weine so zurechtmodeln, dass sie eine Art geschmackliche Peepshow liefern, wenn es das ist, was man für gutes Amüsement hält. Davon hatte ich keine Ahnung, als ich 1978 anfing, niemand hatte es mir erklärt. Später war ich schockiert, als ich erkannte, dass Wein anders sein, dass er, mit Lärm und falscher Verführungskunst, auch bloß unterhaltsam sein kann, ein bloßes Produkt. Seitdem finde ich das amerikanische Ideal – »Jeder beliebige Boden tut's, alles kommt nur auf die Technik an« – leer und bedauernswert. Es ist ohne jede Frage wahr, dass aus der Alten Welt unter dem Namen Wein auch viel billiges Gesöff exportiert wird, doch sie ist die Heimstatt bedeutender Tropfen, was man von der Neuen Welt bislang noch nicht sagen kann. Erst in ein paar Jahrhunderten wird das – zumindest hoffe ich das – anders aussehen.

Auf den folgenden Seiten werde ich viele verbreitete Irrtümer über Wein ausräumen und zeigen, wie der kostbare Rebsaft Ihr Leben veredeln kann, indem ich schildere, wie er zur Bereicherung meines eigenen wurde. Eines der großartigen Dinge am Wein ist, dass er Ihnen begegnen wird, wo immer Sie gerade sind. Ich werde Ihnen einige Offerten machen, die Sie nach Lust und Laune annehmen oder verwerfen können. Dabei werde ich die These vertreten, dass Wein in ein Leben der Seele gehört, in ein *erotisches* Leben (im griechischen Sinne von *eros* als »Lebenskraft«), aber um ihm dort zu begegnen, müssen Sie unsentimental und gewillt sein, vom Wein und von sich selbst Authentizität zu verlangen. Das verbürgt zwar noch keinen erhabenen Genuss, sehr wohl aber echte Erfahrungen. Konfektionierte Weine dagegen sind nicht für Menschen gemacht, sondern für Konsumenten.

Als was sehen Sie sich lieber?

KAPITEL I

Freundschaft mit dem Gaumen schließen

»Zuerst meisterst du dein Instrument.
Dann vergisst du den ganzen Mist
und spielst einfach drauflos.«

Charlie Parker auf die Frage,
wie man ein großer Jazzmusiker wird

Wenn wir einen packenden Film daheim anschauen und kein riesiges Heimkino besitzen, blicken wir auf einen doch eher kleinen Schirm, und so geraten auch verstreute Dinge im Raum ins Blickfeld. Hier oder dort brennt ein Licht, von irgendwoher dringen Geräusche an unser Ohr.

Ganz anders im Kino. Das Licht ist heruntergedämmt, wir sitzen in einem finsteren Raum vor der erleuchteten Leinwand, die nahezu unser ganzes Gesichtsfeld ausfüllt. Trotz der anderen Zuschauer um uns herum entwickelt sich eine seltsame, beinahe trancehafte Intimität zwischen uns und diesen gewaltigen, leuchtenden Bildern. Alle großen Regisseure sind sich dieses Zaubers bewusst. Er ist das Wesen des Kinos. Er schlägt unsere Aufmerksamkeit ganz und gar in seinen Bann.

Wir verstehen unter Gaumen häufig allein unseren körperlichen Geschmacksrezeptor. Doch unser Gaumen ist mehr als das, was wir schmecken; er ist unsere *Beziehung* dazu. Unser Gaumen ist nicht passiv, sondern voller eigener Energie.

Unser Gaumen ist eigentlich zweierlei. Erstens ist er die Qualität der Aufmerksamkeit, die wir den Signalen unserer Geschmacksrezeptoren angedeihen lassen. Zweitens ist er unsere Geschmackserinnerung, die wir durch Erfahrung erwerben. Ein »guter« Gaumen ist in der Lage, eine kinohaft intensive Aufmerksamkeit aufzubieten. Ein gewöhnlicher – besser gesagt: ein indifferenter – Gaumen guckt Fernsehen bei brennendem Licht.

Die meisten von uns kommen mit einer etwa gleich guten physischen Geschmacksempfindlichkeit auf die Welt. (Es soll allerdings sogenannte Superschmecker geben, die womöglich über eine größere Zahl von Geschmacksknospen verfügen, worüber sie sich glücklich schätzen dürfen: Sie werden mit Geschmackssignalen nur so bombardiert.) Trotz unserer ähnlichen physischen Empfindlichkeit unterscheiden wir uns in unserem Gespür, unserem Feingefühl. Es scheint ein fester Bestandteil des Temperaments zu sein, ein Teil der Preziosen, die uns die Götter mit auf den Weg geben.

Als ich noch ein Weinneuling war, gratulierten mir manchmal Leute, die mehr Erfahrung hatten als ich, zu meinem guten Gaumen. Mein Jubel darüber war gar nicht so groß, wie man meinen sollte, hatte ich damals doch gar keine Ahnung, was zu einem guten Gaumen dazugehört. Ich nahm einfach an, dass es gut war, einen zu haben.

Später, als ich Weinkurse für Anfänger gab, veranstaltete ich zu Beginn immer eine kleine Übung. Ich setzte den Teilnehmern vier verschiedene Marken Tortilla-Chips auf nummerierten Tellern vor die Nase und bat die eifrigen Weineleven (die sich angesichts der Chips gefragt haben müssen, ob sie wohl die Kursgebühren zurückbekommen), alle vier zu testen und aufzuschreiben, welche ihnen am besten gefielen und warum. Stets entspann sich danach eine lebhafte Diskussion:»Nummer drei hat den ausgeprägtesten Maisgeschmack«, oder»Nummer eins war nicht salzig genug«, oder»Der Geschmack von Nummer vier hält die längste Zeit vor«. Nach dem Test pflegte ich zu verkünden:»Na schön, Herrschaften, jetzt wissen Sie alles Nötige, um gute Weinverkoster zu werden.« Ich erntete ungläubige Blicke, doch diese Probanden hatten ja Variationen eines Themas herausgeschmeckt. Sie hatten ihr Augenmerk auf Nuancen gerichtet, weil sie dazu aufgefordert worden waren, und ihre Eindrücke in Worte gefasst. Damit waren sie richtige Verkoster; das Medium spielte keine Rolle.

Dennoch, der Zugang zu Wein scheint, verglichen mit Tortilla-Chips, zunächst einmal um vieles schwerer zu sein. Es gibt so unglaublich viele Angebote, sie verändern sich unablässig, und gerade, wenn man glaubt, das ganze verflixte Durcheinander halbwegs entwirrt zu haben, liest man über einen weiteren obskuren Ort, der in die Welt des Weins tritt, mit Etiketten, die wie Anagramme mit zu wenigen Vokalen aussehen. Es ist entmutigend, ich fühle mit Ihnen. Trotzdem liegen Sie völlig falsch.

Am Beginn meines Weinlebens habe ich denselben Fehler gemacht. Ich stellte mir einen theoretischen Punkt der Meisterschaft am fernen Horizont vor, den ich schließlich erreichen würde, wenn ich nur wacker auf ihn zu marschierte. Doch mit Horizonten ist es ein wundersames Ding: Sie bewegen sich weiter, während man auf sie zuschreitet. Je energischer man voranstürmt, desto rascher entziehen sie sich uns.»Hey, macht ihr euch etwa über mich lustig? Ich gebe mir doch solche Mühe!« Doch diese Gemeinheit hat mit Sicherheit einen Sinn. Die flüchtigen Horizonte

rauben uns einfach so lange den Nerv, bis uns endlich ein
Licht aufgeht: Genieß lieber die Reise und achte auf die
Umgebung.

Gewiss, das mag wie eine wohlfeile Zen-Weisheit klingen, aber wir können daraus durchaus einen praktischen
Rat ableiten: Wenn uns die verwirrende Fülle, die schiere
Kakophonie der Weine aus der Fassung bringt, sollten wir
sie einfach ignorieren. Wählen wir stattdessen für eine Dauer
von mindestens drei Monaten – im Idealfall länger – zwei
Weinsorten aus, jeweils einen Weißen und einen Roten,
und trinken nichts anderes. Wir nehmen zum Beispiel Sauvignon Blanc und Syrah (Shiraz). Zuerst schlürfen wir sämt-
liche Sauvignon-Blanc-Variationen weg, derer wir habhaft
werden können: kalifornischen, neuseeländischen, österreichischen, all die verschiedenen Spielarten von der Loire,
aus Südtirol und dem Friaul. Wir tauchen damit tief in
den Sauvignon ein und erkennen, wie sich einzelne Weine
unterscheiden und welche Grundeigenschaften sie offenbar
gemeinsam haben. Wir halten jeden unserer Eindrücke
schriftlich fest. Nun wiederholen wir das Gleiche mit
Syrah: Wir nehmen Syrah aus Australien, aus dem Rhone-
tal, aus dem Languedoc-Roussillon, aus Kalifornien. Wenn
wir dann langsam hibbelig werden, ist die Zeit gekommen,
uns das nächste Pärchen vorzuknöpfen. Sauvignon und
Syrah haben ja deshalb angefangen, uns zu langweilen, weil
sie für uns nun keine Überraschungen mehr bereithalten.
Aber es sollte mit dem Teufel zugehen, wenn wir die beiden jetzt nicht in- und auswendig kennen! Wir haben ihnen
bis in die tiefsten Eingeweide nachgespürt, wir träumen
bereits von ihnen. Sogar unser eigener Atem riecht schon
nach altem Sattel und Stachelbeere …

Sagen wir, wir wenden uns als nächstem Pärchen Weiß-
burgunder (Pinot Blanc) und Cabernet Franc zu. Sofort
geht uns die Neuheit dieser Weine auf. Wir begreifen nicht
nur, dass sie anders sind, sondern auch, *worin* ihre Anders-
artigkeit besteht. Nachdem wir in die ersten beiden Rebsorten eingetaucht sind, bilden diese nun von selbst den
Kontrast zu jeder weiteren. Um Wein kennen zu lernen,
müssen wir seine Sorten eingehend und gezielt studieren.
So werden wir uns ein dauerhaftes Wissen erwerben und
das Wahrnehmungsfeld unseres Gaumens unablässig erwei-
tern. Von dem Versuch dagegen, uns auf einen Schlag einen
flüchtigen Überblick über Hunderte verschiedener Weine
zu verschaffen, bekommen wir nur Schielaugen.

Diese Selbstbeschränkung dürfte den meisten von uns
schwerfallen angesichts der Fülle von Weinen, die auf uns
einstürmen. Doch vertrauen Sie mir: Die Grundkoordina-
ten bleiben weitgehend gleich, und wenn Sie wirklich etwas
dazulernen möchten, wählen Sie am besten ein System wie
das meine. So bauen Sie Ihr Wissen langsam auf, und was
Sie sich so geschaffen haben, bleibt Ihnen dann auch erhalten.

Wie die Violine das Instrument des Geigers, so ist der
Gaumen das Instrument des Verkosters, und um unsere Gau-
menfiedel zu schulen, üben wir uns so lange, bis wir flüssig
darauf spielen. Wenn wir das schließlich erreicht haben,
wähnen wir uns schon am Ziel. In Wahrheit befinden wir
uns erst in einem primitiven Stadium, in dem wir nur das
durch Übung und Wiederholung erlangte Können vorzei-
gen. Schließlich jedoch, wenn uns die Götter gnädig sind,
hören wir auf, uns um das Wie zu bekümmern, und fragen
nach dem Was. Wir vergessen, wie wir unser Instrument

zu spielen haben – unsere Fiedel oder, wie bei mir, eher die Fuchsschwanzsäge –, und fangen an, wahre *Musik* zum Erklingen zu bringen.

Wein ist wie ein scheuer, gutartiger Hund. Streckt man die Hand nach ihm aus, zuckt er zurück, sitzt man dagegen still, kommt er zutraulich näher. Bei Wein geht es weniger darum, was man erfassen, als was man *empfangen* kann. Man erfasst ihn besser, wenn man ihn weniger fest in den Griff zu bekommen versucht. Er wird sich uns entziehen, je mehr wir ihn zu bändigen trachten. Wir können nur so und so viel quantifizierbares Wissen über ihn anhäufen, aber wir können lernen, Wein zu *verstehen*, wenn wir lernen, uns zu entspannen. Wein möchte nicht beherrscht werden; er zieht es vor, geliebt und bestaunt zu werden. Er wird alles für uns tun, wenn wir nur neugierig und dankbar sind.

Ich habe diese Einsicht auf die harte Tour gelernt, und Ihnen wird es ebenso ergehen, wenn Sie es nicht bereits wissen. Ich habe einen ganz schönen Narren aus mir gemacht, mit meinem coolen Weinwissen herumgeprotzt und viel zu viel Zeit damit vergeudet, anderen Weinfreaks meinen überlegenen Durchblick aufs Brot zu schmieren. Mein erster Tipp ist, zwischen wahrer Komplexität und bloßer Kompliziertheit unterscheiden zu lernen. Während Letztere zumeist frustriert, ist Erstere gewöhnlich wunderbar. Man muss sich schon sehr ins Zeug legen, um einen komplizierten Tropfen auseinanderzuklamüsern. Man rackert sich ab und knirscht mit den Zähnen, bis man die Oberhand gewonnen hat. Man hat die Aromen festgenagelt, jede Nuance quantifiziert und benannt und entschieden, wo genau der Wein auf der Skala rangiert, nach der zu richten man uns beigebracht hat. Doch Komplexität verlangt nach dem Gegenteil. Sie ist der unmittelbare Eindruck von etwas, das man nicht wissen *kann*, etwas, das man nicht zu isolieren oder zu erklären vermag. Komplexität ist still; Kompliziertheit lärmend. Bei Komplexität muss man den Geist entspannen und schauen, was geschieht. Ich kann nicht versprechen, dass dieser innere Zustand den meisten von uns zugänglich ist, es sei denn, Sie sind der Dalai Lama oder haben ein gewisses, nun sagen wir, erhabenes Alter erreicht. Ich habe mich jahrelang an Wein abgearbeitet und natürlich auch *mit* Wein gearbeitet, was mir große Freude bereitet hat. Jedoch bin ich sicher, dass ab einem gewissen Punkt, je mehr wir hinter unseren Genüssen her sind (wir sprechen ja vielsagend davon, dass wir Genüssen»nachjagen«), diese desto mehr vor uns zurückweichen. Wer sich zu sehr in ein Spiel verbeißt, vergisst leicht das Spielen selbst.

Natürlich hat es für viele von uns etwas Sportliches, alle Facetten eines guten Tropfens aufzuschlüsseln, zu zerlegen und zu benennen. Doch soweit sie sich ergründen lassen, ist das, was wir da beschreiben, Kompliziertheit, nicht unbedingt Komplexität. Ein Tropfen ist komplex, wenn er etwas suggeriert, das nicht zu sehen ist oder erkannt werden kann, das jedoch eindeutig – und unheimlicherweise – vorhanden ist. Ein tiefgründiger Wein scheint die Komplexität des Lebens selbst zu vermitteln; ein komplizierter Rebsaft dagegen ist nur ein Mosaik, das wir mit unseren Sinnen zusammenbosseln.

Wonach wir als Weinliebhaber suchen, ist womöglich ein Punkt völliger Empfänglichkeit, an dem wir nur noch den Wein sehen, statt uns selbst in der Rolle seines Beobachters. Gewiss, das klingt schon arg nach Zen. Trotzdem bin ich überzeugt, dass dies der Weg zu Genuss und Gesundheit ist. Wenn Sie nicht über Ihren eigenen speziellen Gaumen hinausblicken können, kommen Sie nicht über eine bloße Anspruchshaltung hinaus:»Was bringt mir dieser Wein?« Es beginnt und endet beim»Ich«. Was bekomme *ich*, was meine *ich*, wie viele Punkte werde *ich* dem Tröpfchen nun geben? Dazu kann ich nur sagen: Wenn wir Wein in dieser Weise trinken, ist nur zu hoffen, dass wir nicht auch auf diese Weise lieben, andernfalls werden wir wohl bald wieder Single sein.

Wenn Sie in der Welt des Weins ein Neuling sind, suchen Sie nach einem Zugang, nach einem ersten Ansatzpunkt. Dazu bedient sich der Anfänger gerne aller möglichen wichtigen und auch nebensächlichen Informationen. Nehmen wir an, Sie kosten einen Wein, er sagt Ihnen zu, und Sie erfahren, dass er unter Zusatz von Reinzuchthefen vergoren wurde. Da geht Ihnen ein Licht auf: Aha, sagen Sie sich, Reinzuchthefen sind gleichbedeutend mit Wein, den ich mag, daher stellen Sie die Hypothese auf: Die besseren Weine werden damit hergestellt. Solche Theorien sind nicht weiter tragisch. Schwierig wird es nur, wenn Sie trotz gegenteiliger Belege daran festhalten. Es ist verführerisch, solche kleinen Wissensschätze ins Körbchen zu legen, und entmutigend, sie wieder über Bord werfen zu müssen. Wir kommen aber nicht darum herum; der Wein selbst wird uns dazu zwingen. Er legt sich auf die Lauer, sobald wir uns einer Einsicht zu sicher sind, und stellt uns vor Freunden, dem Sommelier oder der neuen Flamme, die wir beeindrucken wollten, ein Bein. (Nicht, dass mir das persönlich jemals passiert wäre ...)

Unser Gaumen ist nichts, was wir besitzen; er ist ein Teil

von uns. Wir schmecken nicht mit diesem Organ, wir schmecken mit unserem ganzen Selbst. Vor einigen Jahren machte die Nachricht von einer in Japan entwickelten sogenannten Roboterzunge die Runde, eine Maschine, die sich auf die Erkennung von Weinen durch die Messung erwartbarer Merkmale (Säure, Süße, Tanningehalt u.a.) programmieren ließ und sehr genaue »Resultate« erbrachte. Die eigentliche physiochemische Aromarezeption lässt sich offenbar durch eine Maschine, die das »Geschmeckte« registrieren und katalogisieren kann, mit wissenschaftlicher Exaktheit verbessern. Aber *schmeckt* der Apparat denn wirklich etwas? Wir schmecken Wein als ganze Menschen, in unser Geschmackserlebnis gehen bei jedem Glas unsere Erinnerungen, Sehnsüchte und Ahnungen ein.

Jeder von uns hat je nach Temperament sein eigenes Verhältnis zu seinem Gaumen. Bei einem Streber wird es ein streberhaftes Verhältnis sein; wer eine aktivere rechte Gehirnhälfte hat, wird eine elliptische Beziehung voller Überlagerungen zu seinem Gaumen haben, und ein linear denkender, katalogisierender Mensch wird seinen Gaumen wie eine gut geölte Maschine behandeln. Kein einzelnes System ist das »Beste«. Wichtig ist, die Beziehung zu wählen, die sich natürlich ergibt.

Unsere Beziehung zu unserem Gaumen verändert sich mit der Zeit. Anfangs wird ein Weinliebhaber sich gewöhnlich sehr viele Notizen machen, was durchaus nützlich ist. Solche Aufzeichnungen können helfen, die Konzentration zu schärfen und die Erinnerung an das Geschmeckte zu stützen. In meinen Schränken wimmelt es nur so von staubigen alten Notizbüchern voll langweiliger Anmerkungen, sodass meiner Frau schon der Platz für ihre Schuhe ausgeht.

Sie hat recht, ich sollte sie wohl entsorgen. Ich notiere heute kaum noch etwas, es sei denn, mir begegnet ein außerordentlich bewegender Tropfen. Ich bin zuversichtlich, dass ich noch immer einen Wein in seine Aromen zerlegen kann, wenn ich es muss. In den frühen Tagen war ich es nicht, das geht uns allen so, doch wie jeder Muskel, der trainiert wird, ist auch dieses Unterscheidungsvermögen stärker geworden.

Die größten Weine sind für mich jene, über die ich keine Notizen schreiben kann, weil ich so von ihrer Anmut überwältigt bin, dass es mich fast zu Tränen rührt. Dies ist mir eines Abends in einem Restaurant in Paris tatsächlich passiert. Der Ober muss geglaubt haben, dass mir meine Frau gerade ihren Plan verkündet hatte, mit dem Klempner ein neues Leben zu beginnen. Weit gefehlt: Es war nur der verflixte Jurançon. Dergleichen trifft mich, wie alle Weinerfahrungen, mit unvermittelter Plötzlichkeit, doch das gehört zum Zauber dazu.

Es gibt keine Notwendigkeit, mit dem Gaumen zu posieren. Falls wir unsere Verkostungsnotizen nicht für den Lebensunterhalt publizieren, weiß niemand außer uns selbst, was wir über die Weine, die wir genießen, denken und fühlen. Es lohnt nicht, sich aufzuspielen und nach extravaganten Wörtern zu fischen. Man sollte nicht das, was man bewundert oder interessant findet, mit dem verwechseln, was man spontan *mag*, und bitte, wenn der Wein nach Rosen schmeckt, wird man noch nicht dadurch ein besserer Verkoster, dass man ihn mit irgendeiner weniger bekannten Blüte wie der des Sommerflieders vergleicht. Wenn wir jedem Impuls, der spontan auftaucht, vertrauen, sind wir am ehesten wir selbst. Einige Tropfen faszinieren mit dem mosaikhaften Arrangement ihrer Nuancen, und es macht Freude, ihnen nachzuspüren und ihrem komplizierten Aufbau auf den Grund zu gehen. Andere Weine präsentieren sich eher als reine, festgefügte Geschmacksbilder. Wenn Sie empfänglich für Synästhesie sind, werden Ihnen sofort Farben in den Sinn kommen. Ich empfinde eindeutig einige Weine als »grün«, »orange« oder »lilafarben«, und obwohl einiges davon auf beruhigende Weise wörtlich verstanden werden kann – Lila als Schwertlilie, Blauregen, Lavendel, Veilchen zum Beispiel –, habe ich zu anderen Zeiten keine Ahnung, warum mir Weine »silbrig« vorkommen oder in »Dur« spielen. Ich weiß einfach, dass das Bild sinnvoll ist, selbst wenn ich mir keinen Reim darauf machen kann. Unsere Notizen sollten uns helfen, uns nicht nur daran zu erinnern, wie die Weine schmeckten, sondern wie es sich anfühlte, sie zu trinken.

Und wie steht es mit der berüchtigten Praxis der Blindverkostung? Das fragt sich in der Tat.

Für einige Menschen ist es das Sine qua non der Weinkennerschaft. Viele Prüfungen für verschiedene Weinabschlüsse (wie der berühmte Master of Wine) verlangen ausgiebige Blindverkostungen. Warum, weiß ich nicht. Sobald ein Kerl 150 Kilo stemmen kann, braucht er ein Ventil für seine Kraft, andernfalls kann er sein belangloses Können nur an der Hantelbank demonstrieren. Blindverkostung als solche ist kaum eine Kunst, die in einer Weinkarriere nützlich ist, es sei denn, man möchte sein Geld mit Wetten darauf verdienen. Der Weinhändler und Autor Kermit Lynch bringt es auf den Punkt: »Blindverkostung ist für Wein, was Strip-Poker für die Liebe ist.«

Kommen wir auf das Bild des Musikinstruments zurück.

Der Gaumen ist ein Instrument, auf dem der Verkoster spielt. Durch Üben und Wiederholen erlangen wir Könnerschaft. Dann geht unser Spiel wie von selbst von der Hand. Aber wir steigen nicht auf eine Bühne, um unsere Übungen vor Publikum zu spielen, und Blindverkostung ist das Äquivalent des Tonleiterübens: wertvoll, notwendig, aber nicht zu verwechseln mit dem eigentlichen Musizieren oder Weinverkosten.

Als Keith Jarrett *The Melody at Night, with You* einspielte, erholte er sich von einem chronischen Erschöpfungssyndrom. Er konnte keine Konzerte mehr geben; bisweilen konnte er sich kaum einige Minuten lang ans Klavier setzen. Das Stück zitiert Standards und Volksweisen und ist sehr geradlinig gespielt, ohne große Schnörkel und technische Bravourstücke. Das Ergebnis ist beinahe erhaben, zart, bedächtig, zärtlich, auf das Wesentliche reduziert und rein. Einmal ging ich ans Telefon, während die CD noch spielte, und als ich zurück ins Zimmer kam, fiel mir auf, dass ich das Stück bei nachlässigem Hinhören auch für Pianomusik aus der Cocktail-Lounge hätte halten können. Den Künstler zu kennen, seine Geschichte und die Bedingungen, unter denen die Aufnahme entstanden war – das verlieh ihm Resonanz und Bedeutung.

Welchen Wert sollte es also haben, Wein aus seinem Zusammenhang zu reißen? Welchen Mehrwert hat die Blindverkostung, was soll es bringen, Wein in einem Vakuum zu erleben? Es ist schon richtig, die Blindverkostung kann uns lehren, uns auf unseren Gaumen zu fokussieren und unsere Konzentrationskraft zu üben. Doch dann können wir sie über Bord werfen, sie hat ihren Zweck erfüllt. Wenn wir aber endlos damit fortfahren, laufen wir Gefahr, den teuren Rebsaft seines Zusammenhangs zu berauben, den er braucht, um bedeutsam zu sein.

Doch »Halt«, werden Sie vielleicht einwenden: Macht uns die Blindverkostung denn nicht objektiv? Ach, Unsinn! Kann denn irgendein Blindverkoster ein reines Streben nach Wahrheit und Objektivität für sich beanspruchen, oder geht es dabei nicht eigentlich darum, ein Ratespiel zu gewinnen? Blindverkostung wird unsere »Objektivität« im Übrigen nur dann festigen, wenn sie so wackelig ist, dass sie einer solchen Krücke bedarf. Wenn wir in dem Moment, wo es auf Objektivität ankommt, zu unreif oder unerfahren sind, wird uns die Blindverkostung auch keine Hilfe sein. Sie kann jedoch Verwirrung stiften, was den Zweck des Weintrinkens angeht. Und hier meine ich nicht nur das gute Tröpfchen, das wir uns zur Entspannung gönnen, den Spaß an der Freude; die einzige wahrhaft professionelle Herangehensweise an Wein besteht für mich darin, so viel über ihn in Erfahrung zu bringen wie möglich: Wer hat ihn hergestellt, unter welchen Bedingungen, welche Geschichte haben Lage und Winzer – dann, und nur dann, kann eine wahrhaft aufmerksame Bewertung die ganze Fülle eines Weins ergründen.

Ich würde Ihnen gerne einen Trick verraten, um im genussvollen Umgang mit Wein schneller zu der nötigen Entspanntheit zu gelangen. Doch es lässt sich nicht forcieren, gut Ding will Weile haben.

Als ich selbst Mitte 20 mit Wein in Berührung kam, verhielt ich mich alsbald wie jeder andere Weinfreak. Die Leidenschaft verzehrte mich und zog in den folgenden Jahren leider auch alle Menschen in meiner Nähe in Mitleidenschaft. Ich gierte nach Wissen, oder besser, nach Informa-

tion, und tat, was jeder junge Mensch in einer solchen
Situation macht: Ich versuchte, das Thema zu beherrschen,
indem ich mir eine Meisterschaft darin erwarb. Meine
Ignoranz war frustrierend, meine Unsicherheit bereitete mir
geradezu körperliche Qualen.

Aber der Wein war wie die Hasenattrappe beim Wind-
hundrennen. Egal wie viel Wissen ich anhäufte, das letzte
Ziel blieb in gleichbleibender Entfernung. Die »Wahrheit«
des Weins, so schien es, war eine abschüssige Rampe, und
selbst wenn man sie überwunden hatte, war man noch
immer nicht in der Wunderkammer angelangt.

Zuerst musste ich akzeptieren, dass Ungewissheit beim
Wein eine unveränderliche Tatsache ist. Je weiter man reist,
desto weniger weiß man. Es machte keinen Sinn, mich
dagegen zu stemmen; das hemmte nur meinen Fortschritt
auf dem Weg zur Zufriedenheit. Schließlich begriff ich:
Je weniger ich darauf beharrte, den Wein in den Griff zu
bekommen, desto mehr wurde er mir zum Freund. Gerade
das Rätselhafte des Weins, seine Ungewissheit, hält heute
meine Faszination für ihn lebendig.

Worauf es beim Wein ankommt –
und worauf nicht

Weinfreunde, die sich je die Frage gestellt haben, welche Art von Wein sie eigentlich am meisten mögen, stellen schnell fest, dass ihnen die Antwort darauf gar nicht so leicht fällt. Zumindest fällt eine kurze Erwiderung schwer, weil die Art von Weinen, die wir mögen, eigentlich nach wortreichen Erläuterungen verlangt. Kürzlich habe ich auf eine entsprechende Frage geantwortet: »Ich mag moderate Weine.« Ich selbst wusste, was ich damit meinte, aber mein Gegenüber hielt mich sicher für einen ziemlich zähen Brocken.

Es gehört zur Bildung des Gaumens und zur Vertiefung unserer Bekanntschaft mit ihm, dass wir darauf achten, worauf er anspricht. Wir ordnen diese Informationen, und irgendwann stellen sich Muster ein. Solche Muster sind fast nie willkürlich. Sie verraten uns nicht nur, was wir mögen und nicht mögen, sondern auch, woran wir glauben, was wir schätzen und verachten.

Ich möchte eine Reihe von Kriterien vorschlagen, anhand derer wir unseren Weingenuss besser verstehen, schätzen und einstufen können. Ich bin schwerlich berufen, ein Bewertungssystem für die ganze Menschheit zu verkünden, deshalb möchte ich hier nur einige grundlegende Anhaltspunkte geben. Probieren Sie für sich aus, ob Sie mit meinen Kriterien etwas anfangen können. Machen Sie sich davon zu eigen, was Ihnen dienlich erscheint, werfen Sie den Rest über Bord und entwickeln Sie Ihre eigenen Bewertungsmaßstäbe.

Fangen wir damit an, wie der Wein eigentlich mundet. Das ist ja der einzige Grund, warum wir ihn überhaupt trinken. Es mag in Ihrem Leben zwar unverzichtbar erscheinen, aber wir kämen auch ohne aus. Anfangs trinken wir Wein, weil sein Geschmack angenehm ist, und hoffentlich bleibt das auch so. Erst später wird uns – wenn überhaupt – klar, dass sich aufgrund unserer Weinerfahrung eine Reihe von Kriterien herausgeschält hat und wir eine ganze Bandbreite von Genussfacetten schätzen gelernt haben.

Hier mein Vorschlag für einen Katalog, der, angefangen beim Geschmack, die wichtigsten Anlagen oder Eigenschaften auflistet, um die Güte eines Weins zu beurteilen.

Anlagen des Weins,
auf die es am meisten ankommt

Klarheit
Unverwechselbarkeit
Anmut
Ausgewogenheit
Köstlichkeit
Komplexität
Bescheidenheit
Nachhall
Paradox

Dies sind nicht die einzigen geschmacklichen Anlagen, die für mich zählen, aber relativ gesehen stehen sie für mich an erster Stelle.

Klarheit: Ohne profilierte Aromen lassen sich andere Aspekte des Rebsafts kaum erkennen. Klarheit kann, muss aber nicht Brillanz bedeuten (ich denke da etwa an den sanften Schimmer eines Chenin Blanc aus der Loire, an einen trockenen Furmint oder das rauchige, tiefe Abendrot des Barolos). Wir sollten in der Lage sein, ein klares Geschmacksbild zu erkennen, selbst wenn es uns nicht zusagt. Klarheit kündet auch vom Werk eines aufmerksamen, ehrlichen Winzers, der nichts zu verbergen hat. Es ist das Kriterium, das für mich an erster Stelle steht. Das Aroma sollte klar sein; die Frage, *welches* Aroma, kommt erst danach. Das ist so offensichtlich, dass niemand darüber nachdenkt, trotzdem versteht es sich nicht von selbst. Es gibt nämlich betrüblicherweise eine Unzahl verschwommener, unscharfer Weine.

Unverwechselbarkeit: Nennen Sie es, wie Sie wollen – Erdverbundenheit, Geschmack des Ortes, Terroir –, aber wie immer wir es bezeichnen, nur diese Eigenschaft sagt uns, dass unser Glas *diesen* und keinen anderen Tropfen von *diesem* und keinem anderen Ort enthält. Zur Unverwechselbarkeit können Eigentümlichkeiten und auch Schrullen gehören, solange sie nicht nur aufgesetzt sind. Bei Tropfen, die ihrem Wesen nach klassisch oder symmetrisch sind, können solche Eigenheiten aber auch fehlen. Manche Menschen sind kantig, andere eher rund; worauf es ankommt, ist das Hervortreten des Besonderen. Unverwechselbarkeit verleiht einem Wein seinen Wert. »Bedeutende Weine«, so drückt es David Schildknecht vom Magazin *The Wine Advo-*

cate aus, »sind unverwechselbare Weine«. Der Grund, warum
ich zu denen gehöre, die der »internationalen Schule« des
Weinausbaus kühl gegenüberstehen – also jenen Keller-
meistern und Önologen, die gegen Honorar um die Welt
jetten, um (nach ihren Formeln) Wunder zu wirken –,
besteht darin, dass diese Weine, ganz gleich, wo sie angebaut werden, den Stempel eines bestimmten Rezepts zu
tragen scheinen. So finden wir große Weine mit Barriquearomatik und reiffruchtigem Körper von einem Gewächs
hier und aus jenem Anbaugebiet dort, alle geschmacklich
zu einer einheitlichen »Soße« angerührt. Dabei ist es häufig
eine durchaus attraktive Soße, freilich um den Preis der
Nivellierung und damit letztlich der Fadheit. Ich glaube
nicht, dass wir überhaupt in Erwägung ziehen können,
einen Tropfen »groß« zu nennen, bevor wir nicht seine
Einzigartigkeit festgestellt haben. Ich werde auf diese Frage
in einem späteren Abschnitt über die Globalisierung im
Weinbau noch zurückkommen. Hier möge fürs Erste die
Feststellung genügen, dass es nicht reicht, wenn ein Wein
einen Pass hat; er braucht auch eine Geburtsurkunde. Ich
trinke lieber einen Tropfen, der seine eigene Note aufweist
und nicht nach allem und nichts schmeckt. Alles lässt sich
zu einem geschmacklichen Einheitsbrei verrühren, was es
auch häufig wird, und das langweilt mich zu Tode.

Das ganze Phänomen internationaler Weiningenieure
ist, am Rande bemerkt, schon merkwürdig, wenn man
bedenkt, wie sehr die Authentizität von Weinen auf ihrer
Verwurzelung an einem Ort beruht. Was soll schick daran
sein, Tausende von Kilometern zu fliegen, um Wein auszubauen? Wanderlust ist ja etwas Schönes, aber ich bin
glücklicher, wenn die Leute einem Ort treu bleiben und im

Idealfall ihren Wein dort machen, wo sie geboren und aufgewachsen sind. So sind sie mit dem Terroir verbunden, und das merkt man ihren Weinen auch an. Andernfalls ist Wein kaum mehr als ein Spielzeug. Verstehen Sie mich nicht falsch: Es ist nichts moralisch Verwerfliches daran, Wein dort zu machen, wo es einem gefällt. Ich glaube einfach nicht, dass es wirklich faszinierend oder wünschenswert ist; es trägt eher zur Zusammenhanglosigkeit der Welt bei. Was immer dabei herauskommt, es ist nicht glanzvoll.

Anmut: Diese Eigenschaft können Weine unterschiedlicher Grade von Intensität, Körper und Reife aufweisen; sie ist sowohl in geschliffenen als auch in »rustikalen« Weinen zu finden. Sie ist die Verbündete der Bescheidenheit, aber nicht jeder bescheidene Wein ist anmutig. Anmut ist eher eine Form des Takts, der Gefälligkeit; man kann sie auch verstehen als Gegenteil aller Grobheit, Wuchtigkeit und Opulenz.

Ausgewogenheit (und ihre Schwestern Harmonie und Proportion): Ausgewogenheit ist nicht mit Symmetrie zu verwechseln, da es Weine gibt, die zwar asymmetrisch, aber gleichwohl ausgewogen sind. Ausgewogenheit ist schlicht das spürbare Gefühl, dass keine einzelne Komponente sich grell in den Vordergrund drängt oder unangemessen wirkt. Es ist eine Qualität des Geschmacksbildes, die den Genießer von den einzelnen Teilen fort und hin zum Ganzen zieht. Es ist ein aromatischer Akkord, bei dem kein einzelner Ton schief klingt. Wenn Sie irgendeine seiner Noten heraushören, dann wahrscheinlich aus dem falschen Grund. Bei einem ausgewogenen Wein wirkt es, als sei es den Aromen gewissermaßen vorherbestimmt, in genau dieser Zusammenstellung zu existieren.

Köstlichkeit: Es ist seltsam, dass es eigens erwähnt werden muss, aber über Köstlichkeit wird kaum je gesprochen oder geschrieben. Ein Wein kann jedes andere Erfolgskriterium erfüllen und doch nicht gut schmecken. Und was dann? Legt man die Lust auf Köstliches etwa irgendwann zugunsten von etwas Verheißungsvollerem ab? Köstlichkeit entfacht etwas in uns, das sich am Duft des Genusses ergötzt.

Komplexität (und ihre Schwestern Mehrdeutigkeit und Flüchtigkeit): Es gibt eine *explizite* Komplexität, deren einzelne Facetten wahrnehmbar sind und uns in ihrer Vielfältigkeit und in ihrem Zusammenspiel erfreuen, und es gibt eine *implizite* Komplexität, die wir erahnen, die sich aber der genaueren Erforschung entzieht. Einige wenige unsterbliche Weine können uns das unheimliche Gefühl vermitteln, dass sie etwas heraufbeschwören, das nichts mehr mit einem unterscheidbaren Aroma zu tun hat. Für mich ist das die edelste Eigenschaft eines Weins, aber auch diejenige, die sicherlich am schwersten gezielt auszubauen ist. Sie scheint ein Nebenprodukt bestimmter Weinbauphilosophien und -praktiken zu sein, doch existiert dafür weder eine Formel noch ein Rezept. Sie ist eine Qualität, die häufig unverhofft auftritt. Einige Weine sind von Haus aus komplex, und da hört es auf. Andere scheinen die Komplexität des Lebens selbst zu verkörpern; von ihnen fühlen wir uns wie in den Himmel gehoben.

Bescheidenheit: Diese Eigenschaft zeichnet einen Wein aus, der sich als Begleiter anbietet, zum Essen, für eine bestimmte Stimmung oder einen geselligen Anlass, im Gegensatz zu einem, der unsere ganze Aufmerksamkeit in Beschlag nimmt. Manche Tropfen verdienen so viel Beachtung, aber sie müssen nicht laut danach rufen. Bescheidene

Tropfen sind heutzutage, wo wuchtige Weine in zu hohem Ansehen stehen, eine bedrohte Spezies. Bescheidene Weine sind lecker, taktvoll und selbstbewusst, aber sie geben nicht an.

Nachhall (mit seinen Schwestern Tiefgründigkeit und Intensität): Diese Eigenschaft wird sinnvollerweise nach den oben genannten aufgeführt, da ein Wein mit unangenehmem Abgang niemand erfreuen wird. Ein guter Wein wird durch seinen Nachhall betont, ein schlechter abgewertet. Der Nachklang hat auch nichts mit Lautstärke zu tun; die besten Weine sind jene mit einem flüsternden Abgang. Wir missverstehen die Idee der Intensität, wenn wir sie mit Lautstärke verwechseln. Gellende Aromen sind nicht intensiv; sie sind unreif und ärgerlich. Intensität entsteht nicht aus dem Willen zum Ausdruck, sondern ist die Eindringlichkeit des Mitgeteilten selbst.

Paradox: Ich kann mich kaum an einen großen Wein erinnern, der mich nicht in gewisser Weise erstaunt und auf meinem Gaumen den Eindruck hinterlassen hat, zwischen unterschiedlichen Genüssen, die kaum je zusammen vorkommen, hin und her gerissen zu werden. Mein Kürzel für diese Erfahrung lautet »paradox«. Wieder handelt es sich um eine Eigenschaft, die anscheinend von Feenhand gestiftet wird und nicht von menschlicher Kunstfertigkeit erzeugt werden kann, doch wo sie auftritt, löst sie ein wunderbares Staunen aus: Wie kann sich derlei in einem einzigen Wein zusammenfinden, ja, mehr noch, sich wechselseitig beflügeln? Ausdruckskraft verbunden mit Anmut, Tiefgründigkeit verbunden mit Brillanz ....

Anlagen des Weins,
auf die es am wenigsten ankommt

Kraft
Süße
Reife
Konzentriertheit

Es ist nicht so, dass diese Anlagen überhaupt keine Rolle spielen, aber zu viele Menschen messen ihnen einen zu hohen Stellenwert bei. Doch auch wenn sie am Ende meiner Stufenleiter erscheinen, haben sie noch Gewicht.

Kraft: Kraft spielt nur eine Rolle, wenn Sie ein Menü planen und den passenden Wein dafür aussuchen. Sie möchten ein ausdrucksvolles Gericht mit der Ausdruckskraft des Weins verbinden, ohne dass eines das andere überwältigt. Aber Kraft ist für sich genommen weder eine wünschenswerte noch eine unerwünschte Qualität; sie muss ihr Vorhandensein rechtfertigen, indem sie sich mit Anmut, Unverwechselbarkeit und Köstlichkeit paart. Allzu oft hört sie bei bloßer Durchsetzungskraft auf.

Süße: Kein anderer Aromabestandteil löst in der Weinwelt solch obsessiv dogmatische Debatten aus. Die vorherrschende (ich würde beinahe sagen: krankhafte) Abneigung gegen Süße hat viele Weine geschmälert. Süße kommt bei der Menüplanung und bei der Vorhersage der Alterungsfähigkeit des Weins ins Spiel. Sie ist manchmal hilfreich. Wie Säure, Tannin und jede andere einzelne Aromafacette spielt Süße nur eine Rolle, wenn es zu viel oder zu wenig davon gibt. Doch wir konzentrieren uns ausschließlich auf sie und beharren darauf, dass sie um jeden Preis vermindert oder beseitigt wird, ohne in unserer Verblendung zu bemerken, dass wir unseren Weinen damit Ausgewogenheit, Nachhaltigkeit und Charme rauben. Süße sollte dort vorhanden sein, wo sie erforderlich ist, und fehlen, wo sie nicht gebraucht wird, je nachdem, was das Geschmacksbild individueller Weine verlangt, nicht gemäß irgendeiner im Vorhinein postulierten Theorie.

Viele bringen beim Thema Süße etwas durcheinander, ein Missverständnis, das sich leicht aufklären lässt: Es gibt die Süße eines Apfels und die Süße von Marshmallows. Das ist nicht dasselbe.

Reife: Ich beziehe mich speziell auf die physiologische Reife, zuweilen auch phenolische Reife genannt, die eintritt, wenn die Beerenschalen und -kerne reif sind. Sie erscheint als wünschenswert, doch die alleinige Betonung physiologischer Reife als absolutem Wert hat viele Weine durch eine Wuchtigkeit ruiniert, die sie nicht ausfüllen können, und einen Nuancenreichtum beseitigt, der möglich wird, wenn Weine aus Trauben unterschiedlicher Reifegrade gewonnen werden. Wenn bloße Reife ausreicht, warum dann Überreife vorziehen? Sie steigert nur den Alkoholgehalt und hüllt den Wein in eine Windel aus infantiler Fruchtigkeit.

Konzentriertheit: Konzentriertheit fällt nur ins Gewicht, nachdem die folgende Frage beantwortet ist: Was ist es, was da konzentriert wird? Tannin, Viskosität, Alkohol? Sind das Aspekte, die wir noch steigern möchten? Für sich genommen ist »konzentriert« nur ein Adjektiv, keine Tugend.

Mein Standpunkt: Was unwichtig ist

Warum gleich zu Beginn das Unwichtige erörtern? Weil Nebensächlichkeiten im Weindiskurs bei weitem zu viel Raum einnehmen und uns von Wichtigerem ablenken. Ich erinnere mich an Gore Vidals berühmte Erwiderung auf die Frage, warum akademische Streitereien oft so heftig ausfallen: weil, so antwortete er, der Einsatz dabei so gering ist. Wenn Sie erwarten, dass die Weinwelt ein sanfter, zivilisierter Ort ist, dann irren Sie sich. Man sollte meinen, dass regelmäßige Weintrinker weniger zu nörgeln haben als andere Leute. Auch das stimmt nicht. Sobald wir etwas tiefer in die Materie eintauchen, fällt uns auf, dass Debatten in der Welt des Weins in einer Weise geführt werden, die dem andernorts üblichen Maß an Vehemenz, Plumpheit, Geistlosigkeit, Grobheit und Intoleranz in nichts nachstehen.

Weinliebhaber werden kämpferisch, wenn sie die Existenz von Weinen bedroht sehen, die sie mögen. Aber die kämpferische Haltung wird bald zur Gewohnheit, zum eingeschliffenen Habitus von Leuten, die sich der Anstrengung der vernünftigen Argumentation lieber entziehen. Und plötzlich wird von denen, die kategorische Positionen abstecken, jede Nichtigkeit absurd aufgebläht. Nie sind sie sich unsicher, dabei irren sie sich oft.

Im Folgenden ein paar beliebte Themen, um die sich endlos streiten lässt.

Ertrag: Bei diesem Thema wimmelt es nur so von Binsenweisheiten. Die vorherrschende Annahme lautet, dass die Erträge niedrig sein müssen, damit ein Wein Qualität für sich beanspruchen kann. Vordergründig scheint das plausibel: Je weniger Fruchtertrag pro Hektar, desto mehr Aromen bündeln sich in den Trauben. Aber mehr Aroma bedeutet noch nicht besseres Aroma. Unser einfältiges Beharren darauf, dass geringere Erträge immer bessere Tropfen ergeben, hat zu einer Fülle unbeholfener, trüber und freudloser Weine geführt, die zu stark konzentriert und überladen sind, einfach insgesamt überzogen. Die schlichte Gleichung »niedrige Erträge gleich überragender Wein« würde nur dann stimmen, wenn Konzentriertheit das alleinige Qualitätskriterium wäre. Doch jeder Koch weiß, wie weit man eine Soße reduzieren muss und was geschieht, wenn man es übertreibt. Man bekommt eine trübe Brühe, ein schwarzes Loch, dem kein Aroma mehr entweicht.

Die gesamte Frage des Ertrags ist für Winzer nur ein Mosaiksteinchen, das unter dem Aspekt zu gewichten ist, welche Art von Wein sie ausbauen möchten. Wenn man es aber wagt, diesen Einwand zu äußern, erntet man von Liebhabern opulenter Weine oft nur Spott. Bestimmte Tropfen dürfen aber nicht intensiv und muskulös sein. Auch schätzen nicht alle Weintrinker dieselben Eigenschaften im Wein. Einige Leute möchten überwältigt werden. Ich persönlich begnüge mich lieber mit dem, was ich bewältigen kann. Ich mag keine Weine, die daherkommen wie ein Monstergeländewagen.

Wenn wir nur auf den Hektoliterertrag pro Hektar starren, lachen uns die meisten ernsthaften Winzer aus, denn sie wissen natürlich, wie austauschbar und manipulierbar solche Zahlen sind. Sie können sagen, dass sie ihren Wein aus 50 Hektoliter pro Hektar gewonnen haben, aber vielleicht haben sie ja 75 geerntet und den Überschuss verkauft. Vielleicht waren ihre Erträge mager, weil sie den Weinberg schlecht bestellt haben. Womöglich hatten ihre Rebenstöcke die Fäule oder waren von Mehltau befallen, sodass der Ertrag an gesunden Trauben nach der Lese winzig war. Ertrag pro Weinstock und Rebstöcke pro Hektar bringen uns der Wahrheit näher. Es ist vernünftiger, diesen Wert in Verbindung mit einem *angemessenen* Maß an Konzentration des Weins als Indikator für die wirtschaftliche Nachhaltigkeit eines Winzers zu betrachten. Den Beweis, dass relativ hohe Erträge wunderbare Weine erbringen können, liefert die gesamte Moselregion. Ihre Erträge wirken auf dem Papier hoch, aber die Weine haben genau die Konzentration, die sie benötigen, und nicht mehr. Tatsächlich kehrt man in der gesamten Region heute dem Streben nach immer niedrigeren Erträgen den Rücken, mussten die Winzer doch erfahren, dass bei zu viel überreifer Fruchtigkeit der Rohstoff für den funkelnd leichten Riesling knapp wurde, für den die Mosel geliebt wird.

Hefen: Ich habe öfter frischgebackene Weinliebhaber erlebt, die zu diesem Thema entschiedene Ansichten vertreten. Sie sehen nicht, wie die Winzer hinter ihrem Rücken kichern. Gewiss, die Frage, welche Hefe ein Weinbauer benutzt, um seinen Most zu vergären, ist interessant, aber sie ist für die Qualität des Tropfens fast nie ausschlaggebend. Dennoch bietet sie vielleicht eine nützliche Illustration dafür, wie stark das Bedürfnis so manches Weinliebhabers ist, kategorische Standpunkte zu beziehen. Die Weindebatte gerät bei solchen Gelegenheiten in eine unbehagliche Nähe zur Theologie, und es ist schade, das dabei das sinnliche, zivilisierende Erlebnis des Weingenusses zum bloßen Gegenstand nickliger Haarspaltereien wird.

Um bei diesem Thema nicht selbst in Haarspalterei zu verfallen, nur eine Notiz am Rande. Winzern stehen zwei

Optionen zur Vergärung ihres Mostes offen. Entweder sie überlassen sie der Natur – das nennt man die spontane oder natürliche Hefevergärung –, oder sie versetzen den Most mit Reinzuchthefen. Letzteres eröffnet eine Palette von Möglichkeiten. Alle Hefen bilden Aromen, doch einige tun dies aggressiver als andere, und man kann argumentieren, dass bei den aggressivsten die Linie zur Konfektionierung von Aromen, die in den Trauben selbst gar nicht angelegt sind, überschritten wird. Das ist das Äußerste an Werturteil, das ich mir dazu entlocken lassen würde, und nicht einmal dessen bin ich mir ganz sicher.

Winzer, die zu Reinzuchthefen greifen, tun dies gewöhnlich, um eine vorhersehbare Gärung zu erreichen, insbesondere wenn ihre Keller eine natürliche Kühle haben und sie trockene Weine ausbauen wollen. In manchen Fällen wünschen Kellermeister eine sehr kühle Vergärung, weil sie die Aromen schätzen, die daraus natürlicherweise resultieren. Manche Verkoster hegen gerade gegen diese Aromen, die an Birnenbonbon oder Banane erinnern, eine Abneigung, doch das ist reine Geschmackssache.

Die Bandbreite möglicher Hefen ist größer, als man gemeinhin ahnt. Es gibt Industriehefen aus der Massenherstellung und spezifische Hefen für bestimmte Traubensorten und hochkonzentrierte Dessertweinmoste. Ich weiß von etlichen Winzern, dass sie Hefeansätze aus ihren eigenen wilden Weinberghefen herstellen lassen. Manche gehen sogar so weit, sortenspezifische Hefestämme kultivieren zu lassen, das heißt spezielle Hefen, die aus einem nur mit einer bestimmten Sorte bestockten Weinberg gewonnen werden. Selbst unter den kommerziellen Reinzuchthefen soll es welche geben, die gänzlich neutral sind.

Doch gibt es vieles, was wir über den Prozess der Gärung nicht wissen, darunter, welche Hefe ihn eigentlich auslöst, denn selbst wenn man Hefe zusetzt, kann man sich ja nicht sicher sein, dass es diese und nicht eine natürliche war, die den Vergärungsprozess in Gang gebracht hat. Die Kultivierung von Hefen aus dem eigenen Weinberg klingt lobenswert, allerdings steht der Beweis noch aus, dass sie ein entscheidender, wesenhafter Zug des Terroir sind, dass also mehr dahinter steckt als ein ansprechender romantischer Gedanke.

Gewissenhafte Winzer greifen zu Reinzuchthefen, um eine bestimmte Textur und Transparenz ihres Weins zu erzeugen und Problemen mit Bakterien oder Schwefel, die sich nur mit technischen Interventionen beheben lassen, aus dem Weg zu gehen. Sie wählen folglich diese aus ihrer Sicht harmlose Gärungsmethode im Vorhinein, um ernstere spätere Eingriffe zu vermeiden. Ich kenne sehr viele Winzer, deren Methoden so streng sind, wie es sich der inbrünstigste Weinpurist nur wünschen kann, die ihren Most jedoch mit Reinzuchthefen vergären.

Und was ist mit denjenigen, die auf wilde Hefe setzen? In manchen Fällen ist dies Teil eines Ansatzes, so wenig wie möglich in den Prozess einzugreifen, was man sicherlich würdigen kann, solange der Wein gut schmeckt. In anderen Fällen ist es aber Affektiertheit. Manche Winzer möchten sich mit einer modischen Methode schmücken, während sie vielleicht gleichzeitig allerhand andere Dinge tun, die wir anstößig finden mögen. Es kann sein, dass Sie einen mit wilder Hefe vergorenen Wein wegen seiner »Natürlichkeit« mögen oder wegen seiner »Muffigkeit« ablehnen – oder auch wegen seiner »Animalität« schätzen, wenn Sie gerade auf Muffigkeit stehen! Als erfahrener Verkoster, und die Betonung liegt auf *erfahren*, schmecken Sie vielleicht heraus, dass der Wein ungeschliffen, unparfümiert und ein bisschen mehr in Richtung »Land« als »Stadt« geformt ist. Womöglich ziehen Sie diesen Stil vor. Prima! Auch mir gefällt er. Aber deshalb würde ich noch lange nicht sagen, dass der Ausbau mit natürlicher Hefe ein heiliges Gebot des ehrlichen, einzig wahren Weinbaus sei. Es gibt, so viel sollte klar sein, gewissenhafte Winzer, die sich so, und andere, die sich anders entscheiden.

Jede Option zur Auslösung des Gärungsbeginns hat Vor- und Nachteile, und fast ausnahmslos ist keine »moralischer« als die andere. Ich hege Sympathie für die Winzer, die ihre Moste spontan gären lassen, denke deshalb aber noch lange nicht schlecht über die vielen Weinbauern, die genauso leidenschaftlich am Terroir hängen und Reinzuchthefen verwenden. Es wäre pure Nörgelei, sie als fehlgeleitete, ignorante Fälscher zu verunglimpfen.

»Es wird viel zu viel Aufhebens von diesem wirklich nebensächlichen Thema gemacht«, sagte mir ein Winzer einmal. »Ich bezweifle, dass selbst Kenner in mehr als fünf Prozent der Fälle unterscheiden könnten, welcher Wein auf welche Weise vergoren wurde.« Recht hat er. Hefe ist fast nie mehr als eine Nuance. Aber sie ist eine Art Universalhaken geworden, an dem wir alle möglichen kategorischen Werturteile aufhängen. Ich vermute, dass wir in zehn Jahren zurückblicken und uns fragen werden: »Was hatten sie damals nur immer mit der Hefe?«

Ausbaumethoden: So interessant die Kenntnis der Herstellungsverfahren sein mag, für die Bildung unseres Geschmacksurteils spielen sie so gut wie keine Rolle. Oxidativ ausgebaute Weine, die Weinherstellung mit gesteuertem Sauerstoffkontakt, oder ein reduktiver Ausbau, bei dem der Jungwein weitgehend vor Sauerstoff geschützt wird: Was ist nun »besser«? Stahl- oder Holzfass: Was ist »besser«? Ganztraubenkelterung oder konventionelle Pressverfahren: Was ist »besser«? Die Antwort lautet stets: Das hängt davon ab. Wenn wir ein Gut schätzen und erfahren, wie der Winzer dort seinen Wein ausbaut, ziehen wir leicht den voreiligen Schluss, große Weine müssten so und nicht anders hergestellt werden. Wir merken uns die Formel (wenn es eine gibt) und meinen, etwas dazugelernt zu haben. Doch vielleicht begeistern wir uns schon bald für die Tropfen eines anderen Weinguts mit ganz anderen Methoden. Jeder der beiden kann für seine Präferenzen überzeugende Gründe anführen, doch beide Ansätze schließen einander aus. Stecken wir nun in einem Dilemma? Warum sollen wir eigentlich zwischen beiden wählen? Es reicht doch, darauf zu achten und zu verstehen, was verschiedene Winzer veranlasst, Weine auf unterschiedliche Weise auszubauen. Es sagt etwas über sie aus: was sie gerne trinken vielleicht, oder was sie von ihren Vorfahren gelernt haben. Der Wert liegt dort, im Menschlichen.

Mein Standpunkt: Was wichtig ist

Ich will an dieser Stelle kurz umreißen, was ich für wichtig halte. In späteren Kapiteln werde ich immer wieder darauf zurückkommen.

Kunstfertigkeit: Damit meine ich die Geschicklichkeit eines Winzers beim Ausbau seiner Weine, insbesondere

aber bei der Kultivierung seiner Weinstöcke. Kunstfertigkeit erreicht ihre höchste Güte nur, wenn der Umfang der
Produktion übersichtlich bleibt. Ich halte die kleinteilige
Herstellung für eine Grundvoraussetzung kunstfertiger Winzerei, allein schon deshalb, weil sie besser gegen die Verfüh-
rungen des industriellen Produktdesigns gefeit ist.

Verbundenheit: Von großer Bedeutung und eng mit der
Kunstfertigkeit verknüpft ist die Verbundenheit der Winzer
und ihrer Weine mit dem Boden und seinem Geschmack,
sodann mit ihren Familien und der Kultur der Familien-
güter, und schließlich unsere eigene Verbundenheit mit einer
Weinkultur, von der wir wissen, dass sie wahr, wichtig und
der Verteidigung und Bewahrung wert ist. Wenn wir die
Achtung für diese Arten der Verbundenheit kultivieren,
werden die Weine, denen sie abgehen, ihren Reiz für uns
verlieren.

Bodenbestellung: Die Art der Bodenbehandlung in Weinbergen ist unter Umweltgesichtspunkten heikel. Das heißt
aber nicht unbedingt, dass es eine Messlatte der Reinheit
gibt, die man an jede Winzerei anlegen kann, denn es ist
nicht ganz klar, wie eigentlich gemessen werden soll. Mir
sind Leute, die nie eine Familie vom Weinbau ernähren
mussten, aber Winzern ihre strengen Reinheitsstandards
predigen, suspekt. Zwischen dem einen Extrem des kom-
pletten Mitläufers, der die ganze Palette möglicher Chemikalien einsetzt, und dem reinen Biowinzer erstreckt sich ein
breites Spektrum. Als verantwortungsbewusste Menschen
müssen wir auf einen sorgsamen Umgang mit der Natur
achten, doch ohne Beckmesserei. Sehr wohl sollten wir
aber schauen und zuhören, mit welchen Umweltbedingun-
gen es der Winzer zu tun hat (trocken oder feucht, flach

oder steil u.a.m.) und welchem Ethos er folgt. Kategorische Werturteile erweisen sich da leicht als töricht.

Echtes Aroma: Der wahre Geschmack kommt aus dem Boden, nicht aus dem Keller oder durch irgendeine der unzähligen Methoden des Weinausbaus. »In der modernen Welt«, sagt Moselwinzer Karl Josef Loewen, »gibt es mittlerweile ungeahnte Möglichkeiten, den Geschmack von Weinen zu formen. In meiner Region, da gibt es Leute, die Barriques benutzen, die neuesten Techniken zur Konzentration natürlicher Moste einsetzen, spezielle Reinzuchthefen, um den Charakter des Weins auszuprägen, und besondere Enzyme für das Bouquet. Ist das nun die schöne neue Weinwelt? Ich habe da eine andere Vorstellung.« Auch wenn man bedenkt, dass Weinbau stets eine Manipulation ist, sollten wir einen Ausbau, unter dem die Vitalität des Weins leidet, und alle Praktiken, die von Natur aus nicht vorhandene Aromen hinzufügen, besser mit Vorsicht genießen. Eichenaroma ist das offensichtlichste Beispiel.

Wo eine gediegene lokale Weinkultur vorhanden ist, spielen sich auch angemessene Lösungen ein, wie sich leicht am Moselriesling erweisen lässt: Diese Rebsorte gedeiht in der Region hervorragend, sie ist für die Böden rundum geeignet. In einem normalen Jahr werden die Trauben gerade reif genug, behalten aber ihre lebendige, frische Säure. Die Kraft, die diese Weine ausstrahlen, korrespondiert mit der Anstrengung, die Gewächse auf den mörderischen Steilhängen zu ziehen.

Wenn es zur Herstellung eines trinkbaren Weins notwendig ist, ihn derart zu manipulieren, dass man fast oder tatsächlich von Fälschung sprechen kann, liegt etwas im Argen. Wer schummeln muss, um unverwünschte Facetten des Weins zu entfernen, die ihm von Natur aus eigen sind, oder wer Mängel übertüncht, die zum Beispiel durch ein Beharren auf zu hoher Reife entstanden sind, lauscht nicht der Stimme der Natur, sondern baut die falschen Trauben am falschen Ort an. Das ist so, als würde man einen Golden Retriever in einem heißen Klima halten und ihm zum Ausgleich das Fell scheren, damit er nicht so schwitzt. Werden die Beeren überreif gelesen, aus Angst, dass sie »physiologisch« nicht reif sind, hat der Wein zu viel Alkohol, deshalb fügt man dem Traubenmost Wasser hinzu. Dadurch verliert er aber Farbe, deshalb wird jetzt der Farbstoff Mega Purple beigemischt, ein Extrakt aus Weinbeerenschalen. Auch am Alkoholgehalt lässt sich natürlich mithilfe einer Schleuderkegelkolonne oder durch Umkehrosmose noch »drehen«. Weinliebhaber, die gegen solche manipulierten Kreationen Stellung beziehen, pochen auf den Wert eines auf die Region abgestimmten Weinbaus und die Unverwechselbarkeit und Ehrlichkeit der daraus resultierenden Tropfen.

Was ich hier kurz angerissen habe, möchte ich noch etwas eingehender veranschaulichen.

Verbundenheit

Die Selbachs sind eine Winzerfamilie aus Zeltingen an der Mosel. Ich lernte Sigrid und ihren Mann Hans 1985 kennen. Ihr ältester Sohn Johannes stand damals noch im zweiten Glied. Vor ein paar Jahren starb Hans plötzlich, und jeden März, wenn ich an die Mosel fahre, um den neuen Jahrgang zu verkosten, besuche ich sein Grab, von dem aus man weit über den silbrigen Fluss und das Dorf Zeltingen blickt, wo Sigrid und Hans ihre vier Söhne großgezogen haben. Wäre der steile Hang hinter der Pfarrkirche St. Stephan kein Friedhof, hätte man ihn sicherlich mit Rebstöcken bepflanzt. Wie seine Reben ruht Hans nun tief im schiefrigen Grund.

Er starb daheim im Kreis der Familie. Sein Leichnam wurde durch das Haus und den Weinkeller getragen, bevor er schließlich wenige hundert Meter vom Haus entfernt in die Erde gesenkt wurde. Nicht nur sein Geist verweilt noch unter seinen Angehörigen; auch seine sterblichen Überreste sind ganz in der Nähe.

Mein eigener Vater hingegen, schon vor Jahrzehnten verstorben, liegt auf einem riesigen Friedhof im New Yorker Stadtteil Queens begraben. Ich bezweifle, dass ich sein Grab wiederfinden würde. Das mag gegen mich sprechen und dürfte gewiss nicht typisch sein, aber es ist auch nicht ungewöhnlich. Wir waren Vorstädter, und eines der Kennzeichen unseres Lebens war eine gewisse existentielle Unverbundenheit. Ich will nicht behaupten, dass darin unbedingt etwas Tragisches liegt. Unverbundenheit hat ihre Vorzüge, wenn man ein einsamer Wolf ist.

Aber wenn ich an die Verbundenheit denke, die bei den Selbachs gepflegt und für selbstverständlich gehalten wird, dann wird klar, dass ihre Weine ebenfalls mit ihnen verbunden und *sie selbst* eine bestimmende Größe in einem ganzen Verbundenheitsgeflecht sind. Für Leute wie die Selbachs und ihresgleichen ist dies so unsichtbar und lebensnotwendig wie Sauerstoff.

Johannes spricht perfekt Englisch. Tatsächlich schlägt er sich wacker in Französisch und nuschelt sogar, soweit ich weiß, etwas Chinesisch. Entfallen war mir, dass er auch

Moselfränkisch spricht. Ich hörte, wie er in seinen Dialekt fiel, als wir gemeinsam ein anderes Weingut in Ürzig besuchten. Es gehört zwei unverheirateten Brüdern um die 70, den Merkelbachs. Alfred und Rolf Merkelbach haben ihr Dorf kaum je verlassen und bestreiten ihren Lebensunterhalt aus dürftigen zwei Hektar Land, aus dem sie an die 30 verschiedene Fässer Riesling gewinnen, die sie getrennt abfüllen. Als Johannes in seine Mundart wechselte, fiel mir auf, was für ein sozialer Kitt ein Dialekt doch ist. Es ist die Art der örtlichen Bevölkerung, sich ihrer Zusammengehörigkeit zu versichern. Der Dialekt ist ein weiterer Ausweis des Ortstypischen, und man könnte beinahe sagen, dass die Einzigartigkeit des Moselrieslings darin besteht, dass er in seiner eigenen »Mundart« zu uns spricht.

Weine von einer derartigen lokalen Verbundenheit befriedigen mich zutiefst. Dabei spielt es nicht einmal eine Rolle, ob ich sie mag oder nicht. Zufällig hat mir noch nie ein Priorat gemundet, aber ich respektiere ihn wegen seiner Authentizität: Er ist offenkundig der Wein eines Anbaugebietes, das den Dialekt der verdorrten, kargen Terrassen Nordostspaniens spricht. Selbst wenn ich bestimmte Tropfen nicht mag – ich habe so meine Probleme mit hochprozentigen Weinen –, bin ich froh, dass es sie gibt.

Nichts als Überdruss bereitet mir dagegen die fadenscheinige Verführungskraft des sogenannten internationalen Weinstils mit seiner ewig vollreifen Fruchtigkeit und dem satten Aroma von getoastetem Eichenholz, weil er entweder mit Dingen verbunden ist, die mir gleichgültig sind, oder mit überhaupt nichts. Wie bei allen Leuten, mit denen ich geschäftlich zu tun habe, ist hingegen bei der Familie Selbach alles – sie selbst, ihre Weine – Ausdruck einer Identi-

tät, die in Verbundenheit wurzelt. Man könnte all das gar
nicht von ihnen loslösen, selbst wenn man es wollte.

Auch wenn es nicht mein Zuhause ist, so ist es zumindest
ein Zuhause, die Menschen sind ganz eigene Menschen, die
Weine besondere Weine. Ich verbringe zu viel Zeit meines
Lebens in öden Einkaufsmeilen, aber wenn ich bei meinen
Besuchen an der Mosel den letzten Eifelberg hinunterfahre
und das Dorf Zeltingen in den Blick kommt, wie es so fried-
lich am Fluss liegt, überkommt mich die plötzliche Aufgeregtheit des Ankommens. Hier ist ein besonderer Ort, und
ich werde bald wieder die Gelegenheit haben, ihn sogar zu
schmecken. Ich will mich bei keinem Wein mit weniger
zufrieden geben. Und das sollten auch Sie nicht.

Bin ich an der Mosel, wohne ich stets bei den Selbachs,
und da die Familie gerne isst und gut kocht, kostet es mich
immer einige Mühe, meine schlanke Figur zu halten. Ich
muss wandern, am besten jeden Tag, und die umliegenden
Weinberge sind ideal dafür, steil und herrlich anzuschauen.
Eines Morgens machte ich mich unter einem Hochnebel,
der wohl einige hundert Meter über dem Tal stand, wieder in die dunstig feuchte Frische auf. Ich stapfte zu einem
Drilling blühender Wildkirschen auf halbem Weg zum
Weinberg Himmelreich hinauf. Immer bergan kletternd,
marschierte ich zügig voran, um warm zu werden, erreichte
den Wald, der für Rebstöcke zu hoch gelegen ist, und
lauschte dem Gezwitscher unvertrauter Vogelstimmen.

Der Weinberg Himmelreich führt zurück in eine kleine
Mulde, die in den nächsten Berg übergeht, den Schloss-
berg, über den man seinerseits südöstlich zur großartigen
Zeltinger Sonnenuhr gelangt. Ich stand auf einem hohen
Pfad, jenseits der Rebstöcke floss unter mir die Mosel, über

mir erhob sich nur der Wald. Hier und da waren einige Arbeiter damit beschäftigt, die Triebe zu beschneiden und zu heften. An so einem schönen, kühlen Morgen in den Weinstöcken in so herrlicher Umgebung seinem Tagwerk nachzugehen, erschien mir wunderbar. Ich weiß wohl, dass es nicht immer so ist – die Weinberge sind im Sommer heiß, oder es ist zu kühl und die Beeren wollen partout nicht reifen –, aber ich war wie durch eine verborgene Wand getreten, und alles erschien plötzlich wahrhaft himmlisch: die geschäftig trillernden Vögel, die träge Mosel im Tal, der Geruch von Schiefer und feuchten Bäumen. Ich kam an einer Gruppe Arbeiter vorbei, die gerade dabei waren, Rebsetzlinge zu pflanzen, und entbot ihnen mit glühenden Wangen einen Guten Morgen. Ich war ganz belämmert vor Freude und sicher, dass auch sie aus dem Häuschen sein mussten über all diese Pracht. Dabei war ich für sie natürlich nur ein weiterer verrückter Tourist, den der Ausblick umgehauen hatte.

Beim Abstieg machte ich an Hans Selbachs Grab Halt und richtete ein stilles Wort an ihn. Ich kam spät zurück und meine Kollegen warteten schon ungeduldig, aber ich fühlte mich nicht allzu schuldig. Ich hatte einen Haufen Kalorien verbrannt und einen mystischen Tagtraum erlebt – und das alles noch vor zehn Uhr morgens.

Dass wir Liebhaber des Moselweins ihm in besonderer, fast möchte ich sagen: Zärtlichkeit zugetan sind, liegt zum Teil am hinreißend kecken Charme der Sorten dieses Anbaugebiets. Sie werden in diesen Tropfen einen Schlüssel finden, um aus den reinsten Quellen Ihrer Seele zu trinken. Diese Weine entstammen nicht nur einer Kultur; sie sind so tief in dieser verwurzelt, dass sich unmöglich sagen lässt, wo das eine endet und das andere anfängt. Es ist kein Zufall, dass es hier fast keine internationalen Berater, keine »fliegenden Weinmacher« gibt. Die Mosel gibt ihren Winzern alle Anregungen, die sie brauchen.

Doch so sehr ich diese Kultur liebe, bleiben mir doch ihre Schattenseiten nicht verborgen. Es gibt natürlich auch hier all die kleinlichen Eifersüchteleien und alte Familienfehden, die das Leben in kleinen Dörfern auf der ganzen Welt belasten, und trotzdem ist der Zusammenhalt enorm.

Ich vertrete in den Vereinigten Staaten zwei Moselwinzer, deren Weinberge aneinandergrenzen. Einmal war einer der beiden mit seiner Weinlese noch nicht durch, als die Arbeitsvisa der polnischen Erntehelfer abliefen, sodass sie vorzeitig nach Polen abreisen mussten. »Kein Problem«, sagte sein Nachbar: »Wir helfen dir.« Das ist wirklich eine andere Welt. Die Leute kennen sich vielleicht seit 20 Jahren und reden sich immer noch mit Frau und Herr an. Natürlich gibt es auch unter ihnen all die Gehässigkeiten, die man bei Menschen nur finden kann. Die Leute mögen sich seit ewigen Zeiten kennen und sich trotzdem Siezen, sie mögen sich nicht immer grün sein, aber wenn's hart auf hart kommt, pflücken sie deine Beeren.

Sigrid, die Witwe von Hans Selbach, erzählte mir einmal folgende Geschichte. »Letztes Jahr haben wir ausgerechnet am Heiligen Abend die Beeren für den Eiswein gepflückt. Am Tag zuvor, als wir dachten, dass es Weihnachten kalt genug sein könnte, hatten wir erst Bedenken, um Hilfe bei der Lese zu bitten. Aber dann haben wir doch zwölf Leute gebeten, und sie waren alle bereit zu helfen, und das sehr gern. Wir sind vor Tagesanbruch in den Weinberg, um die Temperatur zu überprüfen, und haben sie um sechs Uhr am

Weihnachtsmorgen angerufen, und sie alle kamen mit guter Laune. Hinterher haben wir uns im Haus zu Suppe und Weihnachtsgebäck versammelt. Und als sie heim zu ihren Familien gegangen sind, haben sie alle *O du fröhliche* gesungen. Ist das nicht wunderbar?«

Ein Moselweinbauer zu sein ist viel mehr als ein bloßer Broterwerb, es bedeutet, einer Kultur anzugehören. Das gilt für jeden Winzer, ob seine Weine nun groß, passabel oder dürftig sind. Einem »Konsumenten« mag das abstrus vorkommen, doch es gibt viele Wege, ein Glas Wein zu konsumieren, und viele Dinge, die in einem Glas Wein stecken. Man kann Wein als bloßes Objekt betrachten und anhand einer willkürlichen Skala mit Konkurrenzprodukten vergleichen. Man kann ihn aber auch als etwas trinken, das von den Leuten erzählt, die ihn gemacht haben, Menschen, die in ihm die Schönheit und Bedeutung weitergeben, die sie in ihrem Leben gefunden haben.

Vor ein paar Jahren las ich in der Zeitung von einem Weinhändler, der sich in Kalifornien den Traum verwirklichte, selbst Wein herzustellen. Er besaß keine Rebstöcke und keinen eigenen Keller, daher kaufte er die Beeren und ließ sie von irgendeiner Kellerei ausbauen. Das nennt man bei uns *custom crushing*, Auftragskelterung. Sein Kellermeister war eine Honorarkraft vom Önologischen Institut der Universität von Kalifornien in Davis. All das ist nicht weiter bemerkenswert; es ist die altbekannte, triste Story vieler Neuweltweine. Der erste Jahrgang des Händlers kam für 125 Dollar die Flasche auf den Markt (nicht nur damals ein kleines Vermögen). Da wusste ich, dass die Welt verrückt geworden war.

Ich nenne einen solchen Tropfen »Hybrisberg«. Der

»Produzent« kultiviert keine Reben und macht den Wein nicht selbst, er besitzt nicht einmal einen Weinberg, trotzdem ist er gewillt, uns 125 Dollar dafür abzuknöpfen, weil er weiß, wie viele Deppen die Welt bevölkern und wie leicht sie sich das Geld aus der Tasche ziehen lassen, wenn die Kritiker nur genug ins Schwärmen geraten über die »Fülle hedonistischer Fruchtaromen, die in subatomaren Orgasmen des Deliriums förmlich aus dem Glas explodieren«, bevor sie dem Tropfen das Prädikat »95 Punkte« aufdrücken.

Das, so will man uns glauben machen, ist Wein: alles, was jemand zusammenschustern kann, losgelöst von der Natur, von der Kultur, verbunden mit nichts als unserem bescheuerten Bedürfnis nach Unterhaltung und modischer Korrektheit, verkauft zu dem Höchstpreis, den man einem verzweifelten Hipster dafür abluchsen kann. Wenn das der Gipfel aller Weinambitionen wäre, würde ich keine Träne vergießen, wenn das Gebräu vom Antlitz der Erde verschwände.

Moselwein dagegen hat einen wirklichen Herkunftsort auf dieser Welt, er stammt von Menschen, die mit ihm verbunden sind, aus einer Kultur, die diese Verbundenheit ehrt. Man kann nicht oft genug betonen, dass solche Orte fortbestehen. Wenn Sie in Ennui versinken, weil wieder so ein Firmenheini Sie mit seiner Marketingstrategie überrumpeln will, weil wieder ein ehemaliger Dermatologe oder Architekt Ihnen für teures Geld seinen minderwertigen Hybrisberg mit Barriquearomatik und reiffruchtigem Körper unterjubeln will und Sie sich fragen, was all das mit Wein zu tun haben soll, dann kann ich Ihnen ein paar solcher Orte zeigen. Wenn Sie genug von Beerenschalenex-

trakten, Eichenspänen, Schleuderkegelkolonnen, Mostkon-
zentrierern, und Beratern haben, die dafür sorgen, dass ein
Wein den Ansprüchen der Benotungssysteme bestimmter
Kritiker genügt – sofern Sie überhaupt über Punkte nachdenken –, dann zeige ich Ihnen gerne Alternativen auf.

Achtsamkeit und Kunstfertigkeit

Lassen wir die Frage nach dem Geist des Ortes für einen
Moment außer Acht. Sie ist so wichtig, dass ich sie in einem
späteren Kapitel wieder aufgreife. Fürs Erste möchte ich
Ihnen erzählen, welche Gemeinsamkeiten ich bei Winzern
festgestellt habe, deren Weine sich durch Verbundenheit
mit ihrem Land und ihrer Kultur auszeichnen.

Erstens mögen sie alle das Wort »Weinmacher« nicht. »Wir
sind keine Weinmacher. Wir *machen* keinen Wein«, sagte
mir der pfälzische Winzer Rainer Karl Lingenfelder einmal.
»Wir bereiten lediglich die Umwelt für den Wein, damit er
entstehen kann.« Winzer deutscher Zunge bevorzugen den
Ausdruck »Kellermeister«, der auch mir besser gefällt. Er ist
bescheidener, handwerklicher.

Wenn ich von Achtsamkeit, Pflege oder Zuwendung
spreche, ist das, wie ich wohl weiß, recht vage. Trotzdem ist
es immer nützlich, einen Winzer danach zu beurteilen, um
welche Dinge er oder sie sich kümmert, welchem Anliegen
er sich besonders widmet. Sorgt er sich um seine Fertig-
keit, Maschinen und Systeme zu manipulieren? Pflegt er
seine Fähigkeit, einen Wein zu »modellieren«? Sorgt er sich
darum, ein paar Pünktchen mehr für einen Tropfen heraus-
zuholen als die liebe Konkurrenz? Sorgt er sich darum, Ihr

Lob einzuheimsen, um dann vor Stolz zu platzen? Möchte er Ihnen zeigen, was für ein Tausendsassa er ist? Oder widmet er sich der Pflege des Geschmacks, der seinem Boden entströmt, und seines Feingefühls, ihn zu umhegen und seine Aromen sie selbst sein zu lassen? »Jedes Mal, wenn du Hand an einen Wein legst«, so hat es Hans Günter Schwarz, als ehemaliger Verwalter des Pfälzer Weinguts Müller-Catoir einer der größten deutschen Kellermeister, treffend formuliert, »entfernst du etwas, das du nicht wieder hineinlegen kannst. Am klügsten ist ein Kellermeister, wenn er den richtigen Zeitpunkt kennt und weiß, wann er sich heraushalten muss.« Das Prinzip solcher Leute lässt sich folgendermaßen auf den Punkt bringen: Bau die bestmöglichen Beeren an und tritt beiseite. Die Kultivierung der Rebstöcke, wenn man sie selbst betreibt, ist natürlich eine Form der Sorge um etwas Lebendiges, bei der man sich selbst zurücknimmt und darauf Acht gibt, was die Pflanzen brauchen, damit sie ihr Bestes geben. Für solche Winzer sind Maschinen ein notwendiges Übel; ihre wahre Arbeit ist die mit der Natur.

Man kann das bei den Älteren beobachten, nachdem sie (wenn sie Glück hatten) ihren Kindern das Weingut übergeben haben. Fast immer in den Jahrzehnten als Weinhändler habe ich erlebt, dass die Eltern bei einem Generationswechsel wieder zurück in den Weinberg gehen. Es ist die Arbeit, die ihnen die größte Erfüllung gibt. Sie lassen den Vertrieb, die Tanks, die Pumpen und Pressen hinter sich und kehren zu den lebendigen Weinstöcken zurück. Es bleibt mir unvergesslich, wie der österreichische Winzer Engelbert Prieler auf das Lob, mit dem ich seine Tochter Silvia bedachte, die von ihm den Keller übernommen hatte, reagierte. Er fühlte sich angesprochen, wiegelte aber zugleich ab:»Ach, fragen Sie nicht mich, ich bin jetzt nur noch ein einfacher Bauer…« Zu unserer Erheiterung beanspruchte er aber das ganze Verdienst für die Qualität der Weine für sich, was seine Tochter, die ihren Vater gut genug kannte, ihm nicht übel nahm. Welche Komplimente ich auch machte, Engelbert grinste, zwinkerte und antwortete:»Ja, die Qualität hier verdankt sich einem sorgsamen Weinbau«, oder»Das stimmt, das zeigt nur, was möglich ist, wenn ein Genie den Wein ausbaut«. Bis ich es schließlich begriff. Als mir auch der nächste Wein gefiel, wandte ich mich an den Herrn Papa:»Klasse, da schmeckt man ganz die wunderbare Weinbergarbeit durch.« Woraufhin er erwiderte:»Nicht wahr?«

Ich habe über die Jahre ein gerüttelt Maß an großen Jahrgängen erlebt, aber ich erinnere mich nicht, dass je einer der Winzer über einen großen Tropfen vor Stolz geplatzt wäre. Vor kurzem hatte der Kellermeister Harald Hexamer aus Meddersheim an der Nahe einen so bemerkenswerten Jahrgang, dass er sich zu der Aussage hinreißen ließ:»Ich würde mich glücklich schätzen, wenn ich in meinem ganzen Leben noch zwei oder drei solcher Jahrgänge hätte.« Es ist eine Wonne, in solchen Augenblicken das Gesicht des Winzers zu sehen, wie ich oft die Gelegenheit hatte, wenn große Jahrgänge auf den Tisch kamen: der Inbegriff stiller, staunender Verzückung. Es sind Momente, auf die Winzer ein Leben lang hoffnungsvoll hinarbeiten. Wenn sie dann eintreten, sind sie eher von Staunen als von Stolz übermannt. Fast überkommt sie eine Verlegenheit, mit so viel Glück gesegnet zu sein, als hätte es gar nichts mit ihnen zu tun.

Es ist das Handwerkliche, auf das diese Leute stolz sind, die grundsolide Arbeit. Demut mag sich als Selbsterniedrigung äußern, sie kann aber auch aus einer tiefen Zufriedenheit herrühren, der auftrumpfendes Statusdenken gänzlich fremd ist. Das demütige Auftreten vieler Winzer scheint der Zufriedenheit und Dankbarkeit geschuldet zu sein, einfach ihrer Arbeit nachgehen zu dürfen. Guter Wein von unglücklichen Winzern dürfte wohl ein Ding der Unmöglichkeit sein. Das Gefühl der Dankbarkeit löscht das Ego nicht aus, es verleiht ihm größere Reife, und dies, wie es den Anschein hat, umso mehr bei Menschen, die durch ihre Arbeit eng mit der Natur verbunden sind.

Man kann versuchen, sich die Natur zu unterwerfen, doch das führt in eine Sackgasse und zieht auch das eigene seelische Wohlbefinden in Mitleidenschaft. Alle Winzer, die ich kenne, sind zufrieden, der Natur zu lauschen und auf sie zu hören. Nur wenige von ihnen sind, soweit ich sehe, mystisch veranlagt. Trotzdem leben sie in Partnerschaft mit einer Welt, in der die Natur so lebendig ist wie sie selbst. »Der Weinberg lehrt mich zu warten«, sagt die Winzerin Heidi Schröck aus dem burgenländischen Rust, »die Natur aufzunehmen und meine eigenen Grenzen zu verstehen.« In solchen Gefühlen äußert sich eine Verbundenheit, eine Art Freundlichkeit der Natur gegenüber, ohne die, wie ich glaube, schöner Wein nicht möglich ist. Man kann guten, ja sogar verflixt eindrucksvollen Wein herstellen, wenn man vom Ego her arbeitet. Solche Weine machen immer einiges her, aber es liegt eine gewisse Kälte in ihnen. Ein Symptom dafür ist die Reduzierung von Wein auf einen bloßen Bewertungsgegenstand, dem eine Note aufgedrückt wird. Die Weinbenotung beruht auf der Idee, dass »Perfektion«

erreichbar oder auch nur wünschenswert sei. Doch wenn mir jemand sagt: »Besser geht's nicht«, bin ich immer versucht zu erwidern: »Tatsächlich? Woher wollen Sie das wissen?« Ich werde darauf noch zurückkommen. Ein grundlegender Aspekt von Kunstfertigkeit besteht darin, die Unvollkommenheit würdigen zu können. Wohin wir in der Natur und bei uns selbst und unseren Mitmenschen auch blicken, wir werden immer auch Unvollkommenheit entdecken. Die Natur mag erhaben sein, aber perfekt ist sie nicht. Zugleich aber ist die Unvollkommenheit die Voraussetzung für das Wunder und die Verzückung. Und so ist die zärtliche Achtsamkeit des Winzers, der sich als Handwerker versteht, die wichtigste Vorbedingung für authentische, bedeutende Weine.

KAPITEL 3

Die Wiederverzauberung des Weins

»Vor allem ist alles vereint, hängt alles zusammen, wird alles
aus etwas anderem erklärt und erklärt seinerseits etwas anderes.
Es gibt nichts Getrenntes ...«

Pjotr D. Ouspensky

»Wenn die Natur kein Bewusstsein und keinen Zweck hat,
dann sehe ich nicht, wie die Menschheit sie haben kann,
daher glaube ich lieber, dass wir alle darüber verfügen.«

Michael Ventura

Es gibt weit über hundert Bücher, die den Wein vorgeblich
»entmystifiziert« haben, doch der Rebsaft ist geheimnisvol-
ler denn je geblieben. Nicht, dass der »technokratisch-öno-
logische Komplex« nicht wie besessen daran gearbeitet hätte,
jede ärgerliche Variable aus dem Wein zu verbannen und
der verflixten Natur ihre Launen auszutreiben. Der Himmel weiß, wie sehr wir zunehmend mit allem möglichen
Industriegesöff aus der Massenherstellung überschwemmt
werden.

Aber was soll der arme Konsument denn tun, der vor
überbordenden Weinregalen voller Kauderwelsch auf den
Etiketten steht, der mit der talmudischen Undurchdring-
lichkeit einer kiloschweren Weinkarte konfrontiert ist oder
Bücher liest, die ernsthaft davon handeln, wie schwierig

doch die Welt des Weins ist? Was können wir solcherart
verunsicherten Menschen, die davor zittern, den »falschen«
Wein auszusuchen, raten? Zunächst einmal müssen wir daran
erinnern, wie gering zum Beispiel im Vergleich zu einem
Autokauf hier das Risiko ist, sich zu irren. Was verlieren
wir denn schon, wenn wir einen Fehler machen und in
einem Laden den »falschen« Wein erstehen? Vergeudete
20 Euro sind doch wohl keine so große Enttäuschung.
Hinter der Weinversimpelungsindustrie steht ein Minderwertigkeitskomplex – genauer gesagt: zwei. Der erste
steckt in jenen Lesern, die glauben, sie sollten mehr über
Wein wissen, weil sie ihm offenbar verfallen sind, es aber
gar nicht mögen, sich inkompetent vorzukommen. Vom
zweiten Minderwertigkeitskomplex sind jene Weinautoren
geplagt, die sich mitschuldig daran fühlen, dass die Menschen nicht stärker dem gehobenen Weingenuss zuspre-
chen. Alles, wodurch sie ihren Lesern die Unsicherheit
nehmen, so glauben sie, wird ganze Kohorten von Novizen
in die Arme des Weins treiben, was für Leute wie mich, die
vom Weinverkauf leben, natürlich erfreulich wäre.

Stellen wir uns einmal vor, es ginge hier um Literatur.
Die Menschen lesen nicht genug, das ist wahr, aber sie
schauen sich gerne Bilder an. Also warum nicht die ganze
Literatur vereinfachen, indem wir die wortreichen und -ver-
liebten Bücher in Bilderromane verwandeln? Wenn wir
das geschafft haben, schauen wir einmal, ob wir nicht noch
mehr Wörter eliminieren und die ganze Geschichte nur
noch in Bildern erzählen können. Und warum eigentlich
noch als Buch, wo wir die Story doch als Video auf einen
Bildschirm bringen könnten? Es bleibt ja dieselbe Geschichte,
nicht wahr?

Was häufig hinter dem Bestreben steht, Wein zu vereinfachen und ihn für Durchschnittsmenschen »zugänglicher« zu machen, ist der Wunsch, ihn um jeden Preis an die Frau oder den Mann zu bringen. Wenn wir den Wein so unglaublich vereinfachen, und sei es um den Preis, ihm seine Seele zu rauben, werden die Leute ihn dann trinken? Doch warum sollten wir dem kindischen Wunsch nach Vorhersehbarkeit eigentlich nachgeben? Wer Ausrechenbarkeit will, sollte sich vom Wein fernhalten. Natürlich gibt es eine Fülle vorhersehbarer Weine, und wenn Sie einen finden, den Sie mögen, sollten Sie ihn unbedingt weiter trinken und genießen. Wenn Sie jedoch neugierig auf Wein sind, müssen Sie hinnehmen, dass zu dieser Erfahrung unweigerlich die Ungewissheit gehört. Jahrgänge variieren, zumindest in den wetterwendischen Breitengraden der Alten Welt, und der frische Wein, den Sie dieses Jahr mochten, könnte im nächsten ungleich üppiger ausfallen. Verschiedene Winzer mit angrenzenden Parzellen auf demselben Weinberg werden aus ihren Beeren unterschiedlich schmeckende Weine ausbauen. Es ist kein komplettes Chaos – es gibt in kunstfertigen Weinen beständige Merkmale –, aber um solche Weine zu schätzen, müssen Sie eine gewisse Toleranz für Überraschungen mitbringen.

Man könnte es mit einem Tennis- oder Fußballspiel vergleichen: Schauen Sie sich lieber eine Partie an, deren Ausgang unbekannt ist, oder ziehen Sie es vor, das Spiel aufzunehmen und es sich später anzuschauen, wenn Sie das Ergebnis schon kennen, um dem packenden Drama jedes Überraschungsmoment zu nehmen?

Nur sehr wenig am Wein ist grundsätzlich geheimnisvoll. Es gibt einfach eine riesige Auswahl davon aus unterschiedlichen Trauben und Orten, wobei bei den meisten jedes Jahr der Geschmack geringfügig schwankt. Das ist ein weites Feld, aber man braucht beileibe keinen Abschluss von der Uni, um es zu ergründen. Es gibt allerdings etwas, was das Mystische in edlen Tropfen heraufbeschwört, und diese Erfahrung steht allen offen, die bereit sind, sich darauf einzulassen. Es fängt mit der inneren Bereitschaft an, unsere Aufmerksamkeit und Gefühle für einen Sinneseindruck zu öffnen und die Freude am Schönen zuzulassen. Das ist keine große Sache. Sagen wir, Sie unternehmen einen Spaziergang, doch Ihre Gedanken kreisen um alltägliche Sorgen (ein wichtiger Vertrag ist noch nicht unterschrieben; eines Ihrer Kinder braucht eine Zahnspange usw.). Sie nehmen Ihre Umgebung kaum wahr. Dann klingelt Ihr Handy, Sie erfahren, dass der ersehnte Vertrag endlich unter Dach und Fach ist. Plötzlich ist Ihr Geist befreit, Ihre Wahrnehmung ist geschärft, Sie haben auf einmal Augen für jedes Detail.

An einem solchen Zustand ist nichts Unzugängliches oder Esoterisches. Wenn Ihnen die Welt bewusst vor Augen tritt, werden Sie Auffälliges und Schönes in ihr entdecken. Und zu den schönen Dingen der Welt gehört nun einmal der Wein. Ein edler Tropfen bietet uns nicht bloß ein schönes, vielleicht hinreißendes sinnliches Geschmackserlebnis, er kann uns zum Schwelgen bringen, er öffnet ein Türchen in eine Zauberwelt und lässt uns staunend zurück.

Denken Sie an Musik. Können Sie sagen, warum ein bestimmtes Musikstück in Ihnen heftige Gefühle wachruft? Wahrscheinlich nicht. Aber den meisten von uns ist es vertraut, und wir fühlen uns nicht »esoterisch angehaucht« dabei, weil diese Erfahrung zwar mystisch, aber verbreitet ist. Guter Wein kann in ähnlicher Weise die unterschied-

lichsten Eindrücke und Gefühle in uns wachrufen und uns
in eine Art mystisches Schwelgen versetzen.

Vielleicht bringen uns edle Tropfen deshalb so leicht
zum Schwelgen, weil die Gehirnregionen, die Gerüche
und Erinnerungen verarbeiten, so eng benachbart sind. Ich
hatte nie einen eigenen proustischen Augenblick, doch löst
Wein bei mir beinahe noch etwas Erstaunlicheres aus. Mir
sind zwar nie meine eigenen Erinnerungen schlagartig vor
Augen getreten, dafür scheinen einige große Weine die Welt
zu dehnen, sodass ich wie in eine kollektive Erinnerung
eintauche. Ich schnüffele an einem alten Chenin Blanc von
der Loire, und unverhofft überkommt mich die »Erinnerung« an einen Kleiderschrank in einem Zimmer in einem
französischen Landhaus, ich nehme den Körpergeruch an
den Kleidern wahr, die in ihm hängen, ich kann die anderen Möbel erkennen und den Ausblick auf den Garten und
die Felder, und ich höre fast die Stimmen der Menschen,
die in dem Haus wohnen.

Da bin ich alter Narr also, in meinem imaginären Zimmer mit dem Kleiderschrank. Ich höre Stimmen und sehe
die Felder und rieche die Düfte, ich sehe die Straßen, die
»mein« Haus mit den anderen verbinden und dann zum
Marktflecken führen, ich erkenne die Wälder und Pferde
auf den Feldern und die spielenden oder äpfelklauenden
Kinder und den Obstgartenbesitzer, der fluchend hinter
ihnen her rennt.

Wer weiß, vielleicht steigt in mir da eine tief verborgene
Erinnerung an eine Szene bei Turgenjew auf, die ich vor
30 Jahren las. Oder es ist eine Manifestation der seltsamen
Fähigkeit des Weins, die Vorstellungskraft zu beflügeln.
Dies ist die »mystische« Facette des Weins, und ich finde,

dass wir uns dafür nicht entschuldigen, darüber nicht pein-
lich berührt sein oder sie unterdrücken sollten. Ich glaube,
wir sollten den Wein nicht entzaubern, sondern ihn wie-
derverzaubern!

In den Vereinigten Staaten vertreibe ich den Riesling
und den Grünen Veltliner von Martin Nigl, einem Winzer
aus dem niederösterreichischen Senftenberg, der besonders
ätherische Rebsäfte macht, die Art von Weinen, die Fragen
aufwerfen, die zu stellen uns niemals in den Sinn gekommen ist: Wie weit lässt sich das Raffinement treiben? Wohin
führt es uns? Klarheit bringt das Aroma zur Geltung, wie
wir wissen, aber was liegt jenseits des Aromas? Nigls Weine
sind ein Fest der Sinne, aber was sie bereiten, ist eine esote-
rische Küche, die nicht nur den bekannten Durst stillt,
sondern auch den, dessen man sich nicht bewusst ist. Ein
Moment der Verzückung in einem einzigen Schluck Wein.

Warum beim Wein nicht einfach entspannen und sich
seinen Tagträumen hingeben? Sorgen wir uns nicht um das,
was wir nicht wissen – nicht einmal um das, was wir (dem
Geschmack von Leuten wie mir zufolge) fühlen »sollten«.
Schwelgen wir einfach dahin, lassen wir unserer Fantasie
freien Lauf. Glauben Sie mir, das macht mehr Freude, als
sich einen Wein zu schnappen und das arme Ding in seine
Einzelteile zu zerlegen, um zu zeigen, was für einen verfei-
nerten Gaumen wir haben.

Das Geheimnisvolle an der Weinerfahrung offenbart sich
auch durch eine gesteigerte Intuition und ein metaphori-
sches Schauen. Wenn wir entspannt sind, stellen sich dabei
Eingebungen und Bilder wie von selbst ein. Mir fällt der
Verkostungsraum des Moselwinzers Karl Josef Loewen ein,
von dem oben schon die Rede war. Immer, wenn ich dort

verkoste, singen Amseln. Das ist für mich eine zauberhafte Verbindung zwischen der Gesellschaft der Singvögel und dem unaufdringlichen, reizenden Wein. Vermutlich liegt es daran, dass Loewens Verkostungsraum direkt am Garten liegt und dort immer Amseln im Hintergrund zwitschern. Die Natur findet ihr Vergnügen daran, uns Bilder darzubieten. Da ist die kleine Schwarzdrossel und singt sich die Lunge aus dem Hals, all diese Energie und Melodie kommt aus so einem winzigen, zierlichen Körper, und im Glas ist ein Wein mit acht Prozent Alkohol, und auch dessen ganze Energie und Melodie entspringen einem schmächtigen, zierlichen Körper. Für Menschen, die die Welt als heilig betrachten – ganz gleich, welcher Religion sie angehören oder ob sie überhaupt eine haben –, mag die Vorstellung, dass alles in gewisser Weise miteinander verbunden ist, naheliegen.

Der Winzer Michael Moosbrugger hat ein ehrwürdiges Klostergut namens Schloss Gobelsburg im niederösterreichischen Kamptal gepachtet. Die Lagen dieses Weinguts sind erster Güte, aber die dort ansässigen Zisterziensermönche benötigten in den 90er Jahren Hilfe bei der Modernisierung des Anwesens und der Angleichung an herrschende Qualitätsstandards. Moosbrugger machte sich ohne Umschweife daran, die Weine nach Maßgabe der modernen, qualitätsbewussten Weinherstellung zu verbessern, und schon bald wurden seine Tropfen hervorragend, ja sogar, nach dem Urteil der etablierten Weinkritik, groß. Binnen weniger Jahre hatte er erreicht, was er wollte, nur um zu erkennen, dass sein wahres Ziel darüber hinausging.

Als er die alten Jahrgänge des Gutskellers verkostete, fand er, dass im Vergleich zu diesen bemoosten alten Tropfen die aktuellen Weine beinahe steril wirkten. Von was, so fragte sich der Winzer, hatte sich der Ausbau früher leiten lassen? Sollte es etwa von Vorteil gewesen sein, dass den alten Mönchen schlicht das Wissen moderner Kellermeister gefehlt hatte? Oder gab es andere Gründe? Die Mönche hatten genau Buch geführt. Es war nicht schwer zu erkennen, wie sie in den letzten Jahrzehnten ihre Weine gewonnen hatten, doch das machte seine Neugier nur umso größer. Was, wenn man weiter zurückginge, in die Zeit vor dem Ersten Weltkrieg, ja bis zum Deutsch-Französischen Krieg? Gab es da etwas, was diese Mönche gewusst hatten, was aber in der Zwischenzeit in Vergessenheit geraten war?

Es wäre reichlich öde, der Versuchung zu erliegen, ein sentimentales und triviales Lob der »Weisheit der alten Mönche« anzustimmen. Doch darum geht es auch nicht. Moosbrugger machte sich daran, einen Tropfen herzustellen – schließlich wurden es sogar zwei –, wie er vor beinahe hundert Jahren gemacht worden wäre. Es war nicht als Hommage gemeint und gewiss nicht als Persiflage. Er konnte sich nicht sicher sein, wie die Weine werden würden, aber er wollte es herausfinden.

»Ein alter Römer, den man ins 19. Jahrhundert katapultiert hätte, wäre nicht erstaunt gewesen über das, was er vorgefunden hätte«, erklärt Moosbrugger. »Aber in den letzten hundert Jahren hat sich alles verändert, und auch unsere Mentalität hat sich gewandelt. Heutzutage sind wir bestrebt, so viele primäre Fruchtaromen wie möglich zu bewahren, und das erreichen wir, indem wir bei niedrigeren Temperaturen vergären und den Wein reduktiv ausbauen. Aber bis vor kurzem war nichts davon technisch möglich. Damals war der Leitgedanke, einen Wein zu ›schulen‹, wie man ein

Kind schult – die Franzosen nennen es *élevage* –, bis man dasjenige Stadium in seiner Entwicklung erreichte, in dem er trinkfertig war. Und dann wurde er abgefüllt.«

»Woran haben sie das erkannt?«, wollte ich wissen.

»Sie erkannten die Abfüllreife des Weins am Geschmack und auch daran, ob der Wein das Ideal erreicht hatte, das sie sich für ihn vorstellten.«

»Das klingt ja nach einer Art *Reifung*«, merkte ich an.

»Ja, genau. Der Wein sagte, wann er fertig war, wann er die Entwicklungsstufe erreicht hatte, zu dem man ihn hingeführt hatte.«

Deshalb war Moosbrugger in jene Zeit zurückgegangen, als Sauerstoff beim Weinausbau noch nicht gefürchtet war. Tatsächlich ließ sich der Kontakt mit Luft damals gar nicht vermeiden, daher stellte man sich darauf ein. Man verstand Wein als ein Getränk, das vom Sauerstoff abhängig war, um die nicht den Trauben entstammenden Aromen zu schaffen, durch die er erst seinen weinigen Charakter erhielt und sich von vergorenem Traubensaft unterschied. Statt des modernen Trends zur Ganztraubenpressung (und der kristallinen Textur, die sie erzeugt) mahlte und presste Moosbrugger seine Trauben nun in der Schale. Er vergor den Most, ohne ihn zu klären, und verzichtete darauf, die Temperatur zu kontrollieren. Er füllte den Wein in alte Fässer und lagerte diese häufig um, um auf diese Weise die Ausprägung von Sekundäraromen zu fördern, jene nicht der Traube entstammenden Geschmackseigenschaften, die auch als Weinigkeit bezeichnet werden. Mit alldem versuchte er, diese alte, beinahe ausgestorbene »Mundart« des Weins nachzubilden.

Was mich neben der Qualität dieser Weine am meisten

bewegt, ist das, was ich als Moosbruggers Suche nach *Seele*
deute. Vermutlich hegen wir alle irgendwo den Verdacht,
dass die Seele durch die Technologie verdrängt wird oder
werden könnte, und sei es nur, weil es so verführerisch ist,
das, was wir einst im Gespür hatten, der Bequemlichkeit
maschineller Fabrikation zu überlassen, der sterilen Exaktheit der Maschinen. Jedes Mal, wenn Winzer einen Schalter
an einer Maschine umlegen, spannen sie eine Membrane
zwischen sich und ihrem Wein aus.

Manchmal ist das ein notwendiges Übel. Ich möchte keiner bloßen Wohlfühlnostalgie das Wort reden. Ich bin durchaus kein Maschinenstürmer und möchte nicht zurück zu
vortechnischen Weinen, die für mich keinen nostalgischen
Wert haben. Ich teile allerdings die Faszination des Keller-
meisters Moosbrugger für die frühere Winzerkunst, die
Machart alter Weine und die sie leitenden, an den damaligen Möglichkeiten orientierten Werte. Wie Moosbrugger
habe ich die Ahnung, dass wir in ihnen etwas Seelenvolles
finden könnten, das uns seither abhanden gekommen ist.

Es gibt vieles, was wir am Wein verstehen können, darunter nichts so sehr wie die *Begrenztheit* dieses Verständnisses.
Wein ist größer als wir, und das ist fabelhaft. Das ist der
Grund, warum wir unser Leben damit verbringen können,
ihn zu lieben. Wenn das Mystifizierung ist, dann her damit!

KAPITEL 4

Drei Grundsätze

Im Verlauf von drei Jahrzehnten als Weintrinker ist mir klar geworden, welche der Verlockungen des Rebsaftes mir die wichtigsten sind. Das konnte nur empirisch geschehen; man kann darüber im Vorhinein keine Mutmaßungen anstellen. Man muss erst den Unterschied lernen zwischen dem, was man zu mögen glaubt, und dem, was man tatsächlich schätzt. Was mir heute persönlich wichtig ist, wird mir dabei an den Themen klar, über die ich am liebsten streite.

Nennen wir es die drei Grundsätze oder Kernpunkte. Wann immer ich über Wein spreche oder schreibe, kommen die drei folgenden Werte ins Spiel:

- Im Wein sollte eine bestimmte Herkunft zum Ausdruck kommen.

- Angesichts dieses und anderer abstrakter Werte sollten wir jedoch nie vergessen, auf einen guten Tropfen spontan zu reagieren.

- Die Erfahrung des Weintrinkens kann uns an die Grenze der Sprache führen und manchmal an den Rand dessen, was wir wissen können. Ich bin mir ziemlich sicher, dass dies von zentraler Bedeutung ist – nicht nur in unserem

Leben als Weinliebhaber, sondern in unserem gesamten Leben.

Diese drei Grundsätze könnten man den räumlichen, den sinnlichen und den spirituellen nennen.

Der erste Grundsatz: Terroir

Warum sollten gute Tropfen nach ihrem Ursprungsort schmecken? Die Frage ist nicht rhetorisch gemeint. Viele Weintrinker wünschen sich, dass Weine aromatisch auf ihren Ursprung verweisen, dies wäre also schon einmal ein Grund. Doch die Temperamente sind unterschiedlich, für andere Leute zählt allein der sinnliche Genuss, ganz gleich, wie er bewirkt wird. Tatsächlich ist sinnlicher Genuss von entscheidender Bedeutung, und manchmal reicht es, nicht mehr zu verlangen – doch nicht immer. Ich behaupte, dass das Aroma des Ursprungs zählt, und will zu erklären versuchen, warum.

Noch vor gar nicht so langer Zeit gab es viele, die meinten, dass Terroir – was ich für meine jetzigen Zwecke zuallererst als das dem Boden entstammende Aroma eines bestimmten Ortes definiere – nur fauler Hokuspokus sei. So etwas gibt es gar nicht, glaubten seine Kritiker, außer in der liebgewonnenen Einbildung von Leuten, die ihren Wein mit abgespreiztem kleinem Finger schlürfen. Doch ihre ablehnende Haltung setzte sich nicht durch. Viele Winzer der Neuen Welt, die anfänglich zu den lautstärksten Gegnern des Terroir als geschmacklichem Kernfaktor zu finden waren, sind seither auf den Wagen aufgesprungen, oder tun zumindest so. Vielleicht haben sie sich weiterentwickelt, aber womöglich sagen sie sich auch nur: »Wenn du sie nicht schlagen kannst, verbünde dich mit ihnen.« Es mag hie und da auch ein klein wenig Zynismus dahinterstecken.

Viele Weintrinker sehen sich in erster Linie als Hedonisten und sind auf ihren Pragmatismus stolz. Wein ist aus ihrer Sicht ein Getränk, das sich manipulieren lässt, um wie auf Knopfdruck gewisse Genüsse zu bereiten. Als sie ihn nicht länger plausibel leugnen konnten, gestanden diese pragmatischen Hedonisten schließlich (zähneknirschend) zu, dass es so etwas wie Terroir tatsächlich gebe. Doch während sie noch ihr Einverständnis grummelten, behaupteten sie (nun wieder sehr lautstark), dass es gar keine Rolle spiele. Terroir mag es ja geben, so wandten sie ein, aber wenn es nicht offensichtlich genug ist, um es in einer Blindverkostung festzunageln, wie wichtig kann es da schon sein? Ich werde es Ihnen sagen.

Dass eine Wirkung subtil ist, macht sie noch nicht unwichtig. Bedeutsamkeit bedarf nicht der Offensichtlichkeit. Selbst wenn wir einmal hypothetisch annehmen, dass sich Terroir nur in zarter Weise äußert, wieso sollte es deshalb weniger wichtig sein? Doch das ist gar nicht der springende Punkt. Um diesen herauszuschälen, werde ich mich dem Thema elliptisch nähern.

Vor ein paar Jahren nahm ich bei einer Konferenz über nachhaltige Landwirtschaft an einer Podiumsdiskussion teil. Unser Thema war der »Geist des Ortes«, und gegen Ende der Diskussion äußerte eine Indianerin zu meiner Linken etwas, das ich nie vergessen habe: »Die Lachse kehren nicht nur zum Strom zurück, um zu laichen. Sie erhören damit auch die Gebete und Hoffnungen der Menschen, von denen sie geliebt werden.«

Ich fand diese Äußerung – und Überzeugung – reizend und zitierte sie in meinem Verkaufskatalog. Ich hielt den Satz für unschuldig genug, um ihn wenigstens als Poesie durchgehen zu lassen. Daher war ich ziemlich baff, als ein Leser das als »aufgeblasenes New-Age-Gequatsche« kritisierte. Ich fragte mich, warum jemand so aufgebracht war über etwas, das mir eher wie eine halbwegs übliche Aussage eines Menschen vorkam, der die Welt als heilig betrachtet.

Natürlich denken Lachse nicht wirklich: »Los, Leute, zurück zum Fluss, die Indianer erwarten uns!« Das würde auch niemand behaupten. Es gibt jedoch unter bestimmten Menschen (und Völkern) die Annahme, in einer Weise in die Natur eingebettet zu sein, die sich grundlegend von der Subjekt-Objekt-Beziehung unterscheidet, die kennzeichnend ist für unsere vermeintlich aufgeklärte Zivilisation. Ich bin *nicht* von der Natur getrennt, ich bin ebenso ein Teil von ihr wie sie von mir, und alles, was ich sehe, sagt mir, dass alles Lebendige vereint ist. Die Idee, dass die Lachse Gebete »erhören«, klingt poetisch, aber die Idee der grundlegenden wechselseitigen Verbundenheit des Lebens erscheint mir als völlig vernünftig. Das heißt nicht, dass ich weniger Fliegen erledige als irgendein anderer. Es ist aber schwerlich mystisch, anzuerkennen, dass jedes unserer einzelnen Leben Teil einer allgemeinen Lebenskraft ist. Wenn jemand glauben möchte, dass die Geister oder Götter auch in den Lachsen wohnen, finde ich das weniger anstößig als anzunehmen, dass wir Menschen haargenau wissen, wo die Götter leben und wo nicht.

Das Leben zeigt sich in vielerlei Gestalt. Aber wie häufig halten wir eigentlich inne, um darüber zu sinnieren, wie glücklich wir uns schätzen dürfen, dass ein Mensch anders aussieht als der andere? Ich frage mich, was wohl dabei herauskäme, wenn es möglich wäre, uns alle nach einem standardisierten Schönheitsideal zu formen. Jeder wäre »attraktiv«, aber alle sähen wir gleich aus. Würden sich nicht bald viele nach den guten alten Zeiten zurücksehnen, als die Menschen noch eigenwillig aussahen und asymmetrisch und manchmal überhaupt nicht so toll, aber immer – *aufgrund ihrer Herkunft* – einzigartig und wiedererkennbar? Ich finde, es ist besser – nicht relativ besser, sondern wirklich sehr viel besser –, wenn Wein seinen Ursprung zu erkennen gibt. Denn wenn er einen Ursprung hat, haben auch wir einen, wie im Übrigen alles andere, was echt ist. Ein guter Tropfen, der seine Herkunft verrät, bekräftigt den Wert der Identität. Das ist einer der Gründe, warum Terroir wichtig ist, aber es gibt noch andere.

Ich gehe zwar davon aus, dass alle Lebewesen vereint sind, aber ich stelle mir das gar nicht als so wunderbar vor, und manchmal ist es verflixt unangenehm. Doch finde ich keinen Grund, etwas anderes zu glauben. Von hier aus ist es gar nicht so bemüht, vom Genius loci zu sprechen, der von der Vielfalt des Lebendigen an einem Ort ausgeht. Die Eigenschaften des Lichts, der Vegetation, der Fauna und Menschen sowie der Dinge, die Menschen tun, was sie anbauen, wie sie feiern, wie ihre Ohren abstehen – all das gehört dazu. Wein ist einer der Wege, auf denen ein Ort uns seinen Geist verrät. Und das spielt eine Rolle, weil wir tatsächlich verbunden sind – selbst wenn wir es leugnen oder es uns gar nicht bewusst ist. Und wenn wir behaupten, dass Wein in unserem Leben wichtig ist, dann muss auch er in die Fasern eingebunden sein, die uns mit allen Dingen

verbinden. Weine, die für kommerzielle Zwecke fabriziert
werden und lediglich als Produkte existieren, müssen sich
in eine Reihe mit bloßen Waren stellen lassen, mit Erzeug-
nissen wie Soda, Frühstücksflocken, Staubsaugertüten etc.
Sie können angenehm und nützlich sein, aber sie fallen nicht
wirklich ins Gewicht, weil sie nicht einem erkennbaren Ort
entstammen und daher leblos sind.

Ein Beispiel. In der Champagne gibt es eine Straße, die
ich mag, eine Allee mit prächtigen alten Ulmen, die in das
Dorf Damery an der Marne führt: Frankreich, wie es wal-
diger und ruhiger nicht sein könnte. Zuerst fand ich es
merkwürdig, dass eine so gelassene Landschaft einen so quir-
ligen Wein abwerfen sollte. Doch dann wurde mir klar, dass
die Lebhaftigkeit des Champagners nicht nur die Stimme
der Landschaft ist, sondern auch die der frischen Nächte
Anfang September und der kalten Tage im Juni und der
blassen nördlichen Sonne, die nie zu sengen scheint. Und
die stillen Weine der Champagne sind selten so lebhaft, wie
es junger Riesling oder Muskat sein können. Sie sind pas-
tellfarbene Aquarelle, zurückhaltend, durchscheinend. Man
füge Kohlensäure hinzu, und sie werden munter, doch so
sind sie nicht von Natur aus.

Den Champagnewinzer Didier Gimonnet hatte einmal
ein Weinkritiker mit dem Wunsch genervt, eine Cuvée eines
äußerst opulenten Weins aus seinem über 80 Jahre alten
Weingarten abzufüllen. »Das würde ich nie machen«, ent-
rüstete er sich, als er mir die Geschichte erzählte, »weil der
Wein viel zu kräftig würde.« Da haben wir es doch, dachte
ich: Ist es nicht genau das, was in unserer verqueren Zeit
von einem Wein erwartet wird? Dichte, Opazität, Kraft
und Aroma von der Wuchtigkeit eines Handkantenschlags!

»Nein«, sagte Gimonnet, »ich glaube, Champagner muss eine gewisse Transparenz haben, um elegant zu sein.«

Da begriff ich. *Das* war die Ästhetik, die der sanften Landschaft der Champagne entsprach. Ein *pays* von niedrigen Hügeln, bewaldeten Kuppen und ebenen, schläfrigen Dörfern ist nicht dazu vorherbestimmt, kräftige Weine hervorzubringen. Wir mögen sie uns wünschen, aber wir sind schon so in unser Verlangen nach kräftigen Wirkungen vernarrt, dass wir vergessen haben, die Schönheit der Zurückhaltung wahrzunehmen.

Entsteigt der Genius loci dem Ort selbst, oder lesen wir ihn dort hinein? Die Antwort lautet: Wir sind ein Teil von allem, was wir erfahren, und wenn wir die Anwesenheit eines Genius loci erhaschen, dann ist er zum Teil deshalb dort, *weil* wir ihn bemerken: Wir bringen ihn zu Bewusstsein, könnte man sagen.

Ob wir hier einen höheren Zweck am Werk sehen, hängt davon ab, ob wir einen Sinn für Glauben oder eine Vorliebe für amüsante Gedankenspiele haben. Wenn ich mich entschließe, an keinen Zweck zu glauben, gibt es nichts, worüber es nachzusinnen lohnte, alles ist zufällig und sinnlos, daher kann man sich getrost dem Fernsehprogramm zuwenden. Wenn man dagegen davon ausgeht, dass nicht alles bloßer Zufall ist, so ist dies zumindest eine Einladung, weiter nachzudenken.

Wann wissen wir, ob Weine dem Geist eines Ortes Ausdruck verleihen? Vielleicht dann, wenn aus den Weinen der Gewächse eine bemerkenswerte Artikuliertheit, Komplexität und Harmonie spricht. Generationen von Winzern haben in Jahrhunderten des Versuchs und Irrtums gelernt, welche Beeren auf ihrem Land die besten Tropfen ergeben, aber *wir* müssen dazu nur einmal nippen, und schon wissen wir es. Es ist also tatsächlich leichter, als es scheinen könnte. Die edelsten Tropfen achten pedantisch darauf, welche Orte sie Heimat nennen. Ihre Weinstöcke verstummen, wenn sie in ausländische Erde verpflanzt werden. Riesling, der in wärmere Klimate verfrachtet wird, als ihm lieb ist, oder in allzu nährstoffhaltige Böden, ergibt einen grell obstsalatigen Wein, den die meisten Leute zu Recht als aufdringlich und unangenehm süßlich ablehnen. Ist aus Chenin Blanc außerhalb von Anjou und Touraine je ein großer Wein geworden? Nebbiolo scheint jenseits von Piemont nicht zu gedeihen. Ich finde sogar, dass Chardonnay streng genommen nur in Chablis (und möglicherweise auch in der Champagne) zu Hause ist, da dies das einzige Terroir ist, wo er wirklich interessant ist und ohne die fingerdicke Schminke von Eichenaroma und andere Manipulationen auskommt.

Wo ein Wein sich zu Hause fühlt, dort lässt er sich nieder und verleiht den Eigenheiten des Bodens Ausdruck. Wir nehmen diese Übertragungen als Aromen wahr. Ein natürlich artikulierter Wein wie Riesling sendet klare Botschaften des Bodens aus, eine ganze Palette von Frucht-, Blumen- und Steinaromen, die beständig und eigen sind. Sie kehren Jahr für Jahr wieder und werden nur von dem Wetter, in dem die Beeren eines Jahrgangs gereift sind, variiert. Winzer kennen diese Aromen in- und auswendig. Sie müssen nicht auf den Wein warten, um sie wahrzunehmen; sie können sie aus dem Most herausschmecken und schon aus den Beeren. Diesen Leuten muss man keine Vorträge über den Geist des Ortes halten. Sie sind von diesem Geist durchdrungen.

Der Geist eines Ortes ist eine Einladung. Wenn jemand

wie der Moselwinzer Willi Schaefer an die Arbeit geht, tut
er dies in der Gewissheit, dass der Weinberg Domprobst
einen bestimmten Geschmack haben wird und der Weinberg Himmelreich einen anderen. Er denkt nicht abstrakt
daran, dafür ist er zu dicht dran. Wenn man ihn fragen
würde, so würde er sagen, dass es ihm gefällt, wie sich der
Boden in *unterschiedlicher* Weise ausdrückt. Er ist sich auch
seines Platzes in einem Kontinuum von Generationen
bewusst, die den Boden bestellt haben, einen Boden, der vor
ihm da war und nach ihm weiterbestehen wird, mit immer
den gleichen Aromen, die er in immer gleicher Weise
abgibt. Schaefer nimmt seinen Platz in der Natur ein und
kümmert sich um seine Reben und Böden; es würde ihm
nicht im Traum einfallen, dass er die Natur »beherrscht«
oder sein Weinberg lediglich eine Produktionseinheit sei,
die seinem Willen gehorcht. Einzigartige Aromen gelangen
in seinen Wein, weil sie bereits dort sind und er beiseite
tritt, um sie für sich sprechen zu lassen. Warum sollte er es
anders machen?

Wenn er seine Weine verkostet, ist er von jeder einzigartigen Charakternuance fasziniert, und genauso können
auch wir fasziniert sein, wenn wir seine Weine trinken. So
sind wir in wechselseitiger Faszination miteinander verbunden: er mit seinem Boden und wir mit ihm. Durch seinen
Wein stehen somit auch wir mit ihm, seinem Boden und
seinen Gewächsen in Beziehung. Nichts davon ist »mystisch«. Unverwechselbare Weine erden uns in einem Sinn-
zusammenhang.

Doch der Geist des Ortes wohnt nicht nur in den Einzelheiten. Die Mosel, dieser klare, kleine Fluss, fließt durch
ein selbstgebahntes Kerb- und Sohlental mit teilweise enorm

steilen Hängen. Seine Bewohner sind konservative Menschen, die ihre schweißtreibende Arbeit auf den Steilhängen demütig und frohgemut angehen. Sie sind – trotz globaler Erwärmung – Nordeuropäer, die an eine kräftigende, angespannte Lebensweise gewöhnt sind. Ist es da ein Wunder, dass auch ihre Weine belebend und straff sind?

Wir brauchen Weine, die uns unmissverständlich sagen, dass sie von einem bestimmten Ort und keinem anderen stammen. Solche Weine versetzen uns an ihre Ursprünge, und wenn wir bereits dort sind, untermauern sie die Realität unseres Dortseins.

Für mechanisch ausgebaute Weine, die schmecken, als könnten sie von überall stammen, ist mir meine Zeit zu schade. In Wirklichkeit kommen sie von nirgendwo und haben keinen Ort, an den sie uns führen könnten. In uns steckt ein Verlangen nach dem Genius loci, weil wir uns nach Heimat sehnen.

Wir können Anspruch erheben auf diese Welt der Orte, auf die Liebe, die in den Hügeln und Reben wohnt, in den Bäumen und Gerüchen, in den Häusern und Öfen und menschlichen Augen, in allem, was sich in unserer Welt häuslich einrichtet und uns auffordert, dasselbe zu tun.

Der zweite Grundsatz: Spaß am Wein

Ich hatte 2008 zwei Jahrestage: 30 Jahre der ernsthaften Beschäftigung mit Wein und 25 Jahre im Weingeschäft. Während diese Jubiläen näher rückten, stellte ich mir öfter die Frage, ob der Spaß am Wein mit der Zeit unausweichlich nachlässt.

Wenn das der Fall ist, so liegt das, wie ich glaube, nicht unbedingt an Übersättigung, sondern vielleicht an der Art von Weinen, die wir uns aussuchen: gravitätische Weine, Sinnbilder einer »ernsthaften« oder »leidenschaftlichen« Beschäftigung mit Wein, besondere Tropfen, die unsere ganze Aufmerksamkeit in Anspruch nehmen. Ein Anzeichen solch übertriebenen Ernstes sind die endlos langen Weinkarten mancher Restaurants, die uns nötigen, uns vor dem Bestellen erst ewig lange darüberbeugen zu müssen. Diese voluminösen Bände bestehen darauf, dass wir ihnen Beachtung schenken: Hier, so verkünden sie uns, dreht sich alles um Wein.

Für viele von uns Weinprofis fing alles mit einem Hobby an. Wir strebten energisch in dieses Geschäft, weil die Aussicht so verlockend war, Geld mit etwas zu verdienen, dem man sowieso schon verfallen war. In meinen frühen Tagen gab es denn auch keinen Unterschied zwischen meiner »Arbeit« und dem Stellenwert des Weins in meinem Privatleben. Ich fand das herrlich, aber die Menschen um mich herum müssen den Eindruck gehabt haben, dass mein Laden sieben Tage die Woche rund um die Uhr geöffnet hatte.

Vor ein paar Jahren befand ich mich an einem Scheideweg. Wenn ich zu Hause Wein genoss – einfach trank, nicht aus professioneller Sicht verkostete oder gar »bewertete« –, wollte ich etwas Entspannendes, im Idealfall etwas, das sich von den »Arbeitsweinen« unterschied. Zumindest wünschte ich mir Tropfen, die rundum befriedigend wären, aber nicht unbedingt anspruchsvoll. Was konnten das für Rebsäfte sein? Hatte ich sie schon im Sortiment, deckte mein Handel sie bereits ab? Falls nicht, warum nicht? Was sagte all das über die Tröpfchen, die ich tatsächlich spontan einfach *lecker* fand?

Wein kann eine bedeutende Erfahrung sein, er kann eine ganze Kultur verkörpern, uns zum Schwelgen bringen und die Tür zum Geheimnisvollen einen Spalt weit öffnen. Aber ihn immerzu mit bedeutungsschwangerer Feierlichkeit zu behandeln kann das Leben ziemlich öde machen.

Am Ende einer einjährigen Verkostungstour durch Österreich, die mir große Konzentration abforderte und mich viele Tage mit der Abfassung von einschlägigen Notizen beschäftigte, nahm ich mir ein paar Tage frei und fuhr in die Berge, um einen klaren Kopf zu gewinnen. Zuweilen ist die Notwendigkeit, die Eindrücke von Verkostungen zu dokumentieren, störend.

An einem schönen Tag im Mai kehrte ich zur Mittagszeit im Weingut Jamek ein, das in der Wachau liegt. Zur Winzerei gehört ein ehrwürdiges Restaurant, das einen hohen Rang in einem UNESCO-Katalog des kulinarischen Welterbes erhalten würde, und man fragte mich, ob ich mich zum Verkosten nicht nach draußen setzen wolle. »Heute ist der erste Tag, an dem wir die Tische in den Garten stellen.« Gern nahm ich das Angebot an. Ich war ganz für mich, mit der gesteigerten Aufmerksamkeit, die sich einstellt, wenn man allein zu Tisch sitzt. Im Jamek wird immer im Restaurant verkostet, wie zur Betonung der Verbindungen von Wein, Küche und Region. Nach und nach füllte sich die Terrasse mit Gästen, die hier verweilten, um das Leben an einem linden Frühlingstag unter Blumen, Amseln und Bäumen zu genießen. Einige hatten ihre Hunde mitgebracht, die sich brav unter die Tische legten, wie es wohlerzogene europäische Vierbeiner tun. Ich beobachtete, wie Speisen und Weine aufgetischt wurden und fragte mich, welche Rolle der Rebsaft hier wohl spielte. Verschwenden Weinexperten eigentlich jemals einen Gedanken darauf, wie er sich in unser alltägliches Leben fügt, oder betrachten sie ihn einfach losgelöst von allem, Wein qua Wein? Es lohnt sich, dabei zuzusehen, wie Wein ohne großes Getue in einem Frühlingsgarten genossen wird, während die Welt zwitschert und blüht und die Leute ihren Salat, ihr Schnitzel und ihren Zander verzehren. So weinbesessen wir selbst auch sein mögen, im Alltag erfüllt der vergorene Rebsaft seinen angenehmen Zweck, die Mahlzeiten der Menschen zu begleiten und ihr Leben eine Stunde lang zu versüßen.

Meine Freunde im Jamek gaben mir eine Flasche Muskateller mit, der mir vorzüglich gemundet hatte. Oben in den Bergen verbrachte ich danach den Nachmittag mit Wandern, genoss die Einsamkeit und war glücklich, an nichts denken zu müssen. Ich nahm ein einfaches Abendbrot zu mir und spülte es mit einem ziemlich zweifelhaften Blaufränkisch hinunter. Oben auf meinem Zimmer stand noch mein Muskateller. Ich bat um ein Weinglas und nahm es mit nach oben. Das Licht der untergehenden Sonne tauchte die Berge in bernsteinfarbenes Licht. Ich setzte mich auf den kleinen Balkon und gluckerte einen Wein, der die frische Bergluft selbst zu verkörpern schien. Schließlich ließ ich das Glas stehen und trank einfach aus der Flasche. Es waren herrliche Momente: Der Wein beanspruchte nicht meine ungeteilte Aufmerksamkeit, sondern war damit zufrieden, mir schlicht Gesellschaft zu leisten.

Es kann ermüdend sein, »großen« Weinen zu begegnen, die den ganzen Abend lang über nichts anderes sprechen als über sich selbst. Offensichtlich nötigt uns ein wirklich großer Tropfen – zu Recht – unsere ganze Aufmerksamkeit ab, doch auf jeden erhabenen und artikulierten Wein kommen ein paar Dutzend Plaudertaschen und Langweiler. Wenn wir immerzu auf erhabenen Genüssen bestehen, setzen wir unsere Fähigkeit zum Genuss des Einfachen aufs Spiel. Große, komplexe Weine sind wunderbar, fesselnd, herzergreifend, aber es lohnt die Frage, ob sie auch *entspannend* sind. Gute, schlichte Weine sind es. Sie sprechen das Spielerische, Ungezwungene, das Bedürfnis nach Ruhe in uns an, eben weil sie nicht unsere ausschließliche Aufmerksamkeit beanspruchen.

Eines Sommers traf ich einen Freund in San Francisco. Wir schwänzten die Arbeit und zogen zum Picknick hinaus zu den Marin Headlands gleich hinter der Golden Gate Bridge, wo wir uns hinsetzten und beobachteten, wie sich Pelikane in den Pazifik stürzten. Wir hatten eine Flasche Bardolino Rosé dabei, aber keine Gläser. Macht nichts! Ruckzuck war die Flasche leer. Mein Freund war auch ein Weinliebhaber, doch wir verloren nicht ein Wort über diesen Bardolino. Unsere limbischen Systeme waren schlicht vereint in der beinahe animalischen Lust, die er uns beiden bereitete.

Um uns schlichten Genuss zu bieten, muss ein Wein gut genug sein, damit wir ihm gedankenlos vertrauen können. Es gibt eine winzige zündende Sekunde – *Japp, der ist gut!* –, und dann wenden wir uns wieder dem zu, womit wir gerade beschäftigt waren. Ein großer Wein wäre hier zu aufdringlich, aber ein ganz und gar *guter* Tropfen ist dafür wie geschaffen.

Von Zeit zu Zeit nehme ich Kunden mit nach Österreich. Man muss bei der Planung solcher Unternehmungen umsichtig sein und es vermeiden, zu viele bedeutende Weingüter gleich am Anfang zu besuchen, weil die Leute noch müde von der Reise sind und unter der Zeitumstellung leiden. Am zweiten Tag eines solchen Aufenthalts fuhr ich einmal mit einer kleinen Gruppe zu Hans Setzer und Erich Berger und zog daraus für mich eine wichtige Lehre. Beide Güter machen anmutige Weine. Sie können auch durchaus bedeutsam sein, je nachdem, welchen Maßstab wir anlegen, aber mit Anmut meine ich hier eine andere ästhetische Qualität. Ich war plötzlich wie verzaubert: Diese Weine, dachte ich, sind, was immer man sonst noch über sie sagen mag, einfach *köstlich*.

Köstlich: Wer benutzt noch dieses Wort, um über Wein zu reden? Ein raffinierter Salat mag köstlich sein, aber ein Gigondas? Und was macht einen Wein eigentlich köstlich? Können wir da einzelne seiner Facetten benennen? Sollten wir es überhaupt versuchen?

Ich finde, wir sollten es probieren – nicht um den Wein zu zerlegen, sondern um der Köstlichkeit den verdienten Stellenwert zu geben, den sie selten erhält. Ich würde meinen, dass die erste Facette von Köstlichkeit Charme ist.

Unter allen ästhetischen Vorzügen ist Charme vielleicht die gefährdetste. Im Park um die Ecke wurde beim Kinderkarussell unlängst die alte Dampforgelmusik durch Diskomusik ausgetauscht. Nun drehen sich die drei- und vierjährigen Kids auf den bunten Pferdchen zu den Klängen von *I will survive*, und der ganze Charme ist hin.

Charme gehört zu den höchsten Tugenden. Bei Menschen bezeichnet er das Bestreben, sich um andere so zu bemühen, dass sie sich beachtet und geschätzt fühlen. Bei

Wein oder Musik löst Charme eine Reaktion spürbarer Wonne aus. Ich finde dieses Gefühl angenehmer als viele andere, die in höherem Ansehen stehen. Natürlich gibt es Dinge, die mich verblüffen, beeindrucken, umwerfen, aber nichts davon bereitet mir eine so erlesene Freude wie das Gefühl der Bezauberung. Außerdem ist Charme eine biegsame Tugend, die in großen Tropfen, Mediumweinen und kleinen Weinen gleichermaßen auftreten kann. Ich schätze diese Qualität, weil sie kaum auf ein Rezept reduzierbar erscheint. Jeder Winzer von durchschnittlichem Talent kann eindringlichen Wein machen, aber einen charmanten Wein zu Wege zu bringen, ist weniger eine Frage der Formel als vielmehr der Intuition und der Beachtung von Tausenden winziger Details, wobei die Winzer wohl wissen, dass sie nicht die größten, kühnsten oder lautesten Tropfen schaffen.

Übertreibe ich vielleicht? Lässt sich Charme nicht ganz einfach fabrizieren? Man nehme zum Beispiel Veltlinermost, vergäre ihn bei kühlen Temperaturen mit Aromahefen, um süße Bananenaromen zu erhalten, lasse ein bisschen Restzucker übrig, gieße womöglich ein bisschen Muskat hinzu und fertig: Da haben wir unseren Charme. Doch weit gefehlt. Liebhaber wahren Charmes lassen sich vom Fadenscheinigen und Formelhaften nicht blenden. Charme verlangt vom Winzer, auf die Textur zu achten, und, schwerer noch, sich auf andere Weise um das Aroma zu kümmern: nicht auf möglichst viel davon, sondern möglichst ansprechendes.

Die bloße Vorspiegelung von Charme ist tatsächlich grässlich, doch solchen Scharlatanen kommt man nur allzu leicht auf die Schliche. Das Bewusstsein, verführt zu werden, macht Verführung ja zumeist unmöglich. Die wahrhaft verführerischen Tropfen lösen ein spontanes, unwiderstehliches Entzücken aus, einen Strom animalischer Freude über ihre schiere Köstlichkeit.

Eigentlich scheint sich das ja von selbst zu verstehen, deshalb will ich kurz erläutern, wieso ich auf diesem Punkt überhaupt herumreite. Als Weinprofi beschäftige ich mich viel mit der Beurteilung von Weinen. Genügt er den Anforderungen? Ist es ein würdiger Tropfen? Ich verbringe außerdem viel Zeit damit, Wein zu beschreiben, wozu häufig eine Art Vivisektion seiner Komponenten gehört. Nichts davon ist außergewöhnlich. Profis *arbeiten* schließlich mit Wein. Aber ich fürchte, wir alle, Weinprofis und Weinamateure gleichermaßen, laufen Gefahr, uns am Wein abzuarbeiten. Das offensichtliche Beispiel ist die Benotung. Ich hebe mir meine Rage dagegen für ein späteres Kapitel auf und weise hier nur auf ein prinzipielles Handicap aller Benotungssysteme hin: Sie können nichts darüber sagen, wie Wein benutzt wird, sondern geben nur Auskunft darüber, welchen Rang er in einer abstrakten Hierarchie einnimmt.

Am Abend eines Tages, an dem ich mit Wein gearbeitet habe, möchte ich einen Tropfen, bei dem ich mich entspannen kann, einen köstlichen, geselligen Wein. Alle von uns in dieser Branche wissen – oder sollten es zumindest –, dass die erfolgreichsten Weine nicht immer die mit der höchsten Punktzahl sind, sondern diejenigen, zu denen die Verkoster greifen, nachdem die Weinprobe beendet ist. Eine kluge Faustregel lautet: Die beste Flasche ist die zuerst geleerte.

Die Tropfen meines Freundes Erich Berger aus dem

Kremstal sind Weine mit Eigenart im klassischen Sinn, anmutig und köstlich, gesellig und festlich. Wenn wir ganz ehrlich sind, müssen wohl einige von uns zugeben, dass wir häufig, wenn wir einen Wein »zur Feier des Tages« trinken, vergessen, was wir eigentlich begehen wollten, und am Ende den Wein selbst feiern. Aber was auch immer der freudige Anlaß ist: Brauchen Sie nicht eigentlich einen Wein, der nicht die Aufmerksamkeit von dem ablenkt, weshalb Sie ihn überhaupt erst entkorkt haben? Wenn Sie einen großen Tropfen genießen möchten, sollten Sie nur das feiern. Falls nicht, trinken Sie einen Wein, in dem der Geist des Feierns lebendig ist.

Wenn wir uns beim Weingenuss stärker daran halten, bei Bedarf passendere Gebrauchsweine zum Entspannen oder für gesellige Anlässe zu wählen, geschieht etwas Interessantes. Der Wein kommt uns näher, unsere Herangehensweise wird sozusagen ökumenischer. Wir nehmen Weine aus einem breiteren Rangspektrum wahr. Wir hören auf, mit Forderungen an den Wein heranzutreten, und fangen an, Weine so anzunehmen, wie sie sind. Wir blicken nicht länger von oben herab, um nach dem »Besten« zu greifen, ohne Bezug zu unserem übrigen Leben. Wir fangen an, darüber nachzudenken, was wir essen, wie wir leben, welche Weine wir zu welcher Jahreszeit und Gelegenheit trinken, mit wem wir sie genießen, kurz, wir denken an Wein so, wie wir ihn tatsächlich benutzen. Wir geben ihm seinen natürlichen Platz als hilfreiches Getränk zurück, das uns Gesellschaft leistet und unseren Alltag verschönt.

Wenn Sie wissen möchten, was Sie wirklich mögen, achten Sie nur darauf, was Sie stets wieder kaufen. Ich bin mir zum Beispiel sicher, dass die besten Weine Österreichs, um noch einmal auf die Alpenrepublik zurückzukommen, seine Rieslinge sind. Aber genauso sicher bin ich mir, dass mir seine Grünen Veltliner mehr bringen, da ich ständig nach ihnen greife und sie mir dauernd ausgehen. Die strenge Einstufung von Weinen hat gewiss ihre Berechtigung, und großen Weinen gebührt ein vornehmer Platz in unserer Wertschätzung. Doch vermute ich, dass wir allzu gierig auf erhabene Erfahrungen sind. Mir gefällt das Diktum von Anaïs Nin, wonach man sich vor den esoterischen Genüssen hüten solle, weil sie die Wertschätzung der gewöhnlichen abstumpfen. Unser Verlangen nach spektakulären Erlebnissen ist ein zu feiner Filter, der gerade jene Erfahrung aussiebt, nach der wir uns so sehnen. Großer Wein wird zu Ihnen kommen, wenn Sie gelassen genug sind. Und in dieser Gelassenheit werden Sie eine erneuerte (und erneuerbare) Freude an anmutigen, grundguten, charmanten Tropfen finden.

Wir haben nun also den Wert der Ortsgebundenheit von Weinen als Ausweis von Authentizität und Bedeutung und von Wein als Mittel wonnevoller Köstlichkeit erörtert. Bleibt noch der Blick auf die seltsamste Fähigkeit des Weins: uns zum Schwelgen zu bringen.

Der dritte Grundsatz: Mut zum Schwelgen

Anfang April 2007 berichtete Gene Weingarten in der *Washington Post* von einer denkwürdigen Geschichte, die sich im Januar desselben Jahres in Washington, D.C., zugetragen hatte. Der große Violinist Joshua Bell war im morgendlichen Stoßverkehr in einer Washingtoner U-Bahn-

Station als Straßenmusiker aufgetreten, um zu sehen, ob Passanten die Gegenwart des Außergewöhnlichen bemerken würden. Es wird Sie kaum verwundern, dass kaum jemand stehen blieb, um Bells Auftritt zu lauschen, und einige derjenigen, die ihm überhaupt Beachtung schenkten, waren eher genervt, von ihm behelligt zu werden. Das Experiment war natürlich ein bisschen unfair. Offensichtlich macht uns das hektische Leben, das wir führen, leicht ein wenig stumpf, besonders wenn wir, Kaffeebecher in der Hand und Kopfhörer im Ohr, roboterhaft zur Arbeit hasten. Wir achtlosen Berufspendler sind geschäftige Drohnen, die akzeptiert haben, dass ein Großteil unseres Lebens im Modus »Autopilot« abläuft. Aber warum erzähle ich das?

Dieses Buch handelt von einer Ware, die keiner von uns braucht. Wir können auch ohne Wein leben. Wir möchten es vielleicht nicht, aber möglich wäre es. Dennoch ist Wein für uns in unterschiedlicher und vielfältiger Weise bedeutsam. Er spendet uns Sinnesfreuden, er begeistert uns durch seine Mannigfaltigkeit. Er kann zum Gegenstand eines lebhaften Interesses für seine Kultur und lange Geschichte werden. Manche, wie mich, regen große Tropfen gar zu ästhetischen Spekulationen und dem Wunsch an, die eigentümlich starke Emotion, die ihre Schönheit hervorruft, zu beschreiben. Wein ist in dieser Hinsicht einzigartig. Gediegene Aromen finden sich natürlich auch in fester Nahrung und werden geschätzt, aber dazu gehört Appetit. Wein dagegen trinken wir nur selten, um unseren Durst zu löschen.

Ich vermute, dass wir mehr nach Schönheit dürsten, als mancher ahnt oder zugeben würde. Denn an was es uns gemeinhin fehlt, das ist das Bewusstsein dieses Bedürfnisses.

Das Temperament spielt dabei seine übliche Rolle, und ich vermute, dass ich dafür besonders sensibel bin, einfach weil ich so bin, wie ich bin. Wenn Sie anders beschaffen sind, bin ich der Letzte, der versuchen wird, Ihnen simulierte Schönheitsorgasmen abzunötigen, mit denen Sie Ihre Empfindsamkeit unter Beweis stellen wollen. Aber ich glaube an einen universellen Durst nach Schönheit, der uns durch die einschläfernde Wirkung des Alltäglichen verloren geht.

Ich bin außerdem davon überzeugt, dass wir, ganz gleich wie sehr wir in unserem Leben der Schönheit gehuldigt haben oder nicht, einmal an den Punkt gelangen, an dem wir bedauern, dass es nicht mehr war.

Wein war für mich immer ein ungewöhnlich reiner Schönheitsspender. Er ähnelt in dieser Hinsicht der Musik, das heißt er bewegt mich, ohne dazu auf eine Geschichte zurückgreifen oder meine Empathie wecken zu müssen. In diesem Sinn ist er vielleicht reiner als Musik, die häufig komponiert wird, um bestimmte Gefühle zu erzeugen. Wein ist Musik in flüssiger Form. Da sich in ihm so unverdorben Schönheit mitteilt, reagiere ich besonders allergisch, wenn er im Weinkeller manipuliert oder zum Gegenstand zwanghafter Dogmatik wird. Nicht vieles vermittelt uns Schönheit in so reiner Form wie Wein.

Ein Leben auf der Jagd nach Schönheit kann jedoch leicht einen neurotischen Zug annehmen und schal werden. Der Schönheit hinterherzuhecheln ist ein guter Weg, sie zu verscheuchen. Alle Weine danach zu bemessen, wie geschickt sie uns in dieser Hinsicht umgarnen oder wie schnell sie unsere Tränendrüsen öffnen, ist mehr als ermüdend. Mancher Tropfen ist außerordentlich lebhaft und verlangt Aufmerksamkeit, und meist bin ich dankbar und zolle ihm respektvolle Beachtung. Bei anderen Gelegenheiten möchte ich in Ruhe gelassen werden. Es gibt unglaublich berückende Weine, und es gibt gesellige Tropfen. Wir brauchen beide.

Ab und zu gibt es Weine wie jene des Nahewinzers Helmut Dönnhoff, die für dich einfach spielen wie Joshua Bell in der U-Bahn. Sie klopfen dir nicht auf die Schulter, sie öffnen nur eine Tür, mehr nicht. Wenn du wach und neugierig bist, bemerkst du die Offerte und wirst sie annehmen.

Wie die meisten Liebhaber deutscher Weine schätze ich die mit dem Prädikat Auslese – Tropfen, die schon die reife Essenz der Beeren zeigen, aber noch keine vollen Dessertweine sind. Ich kaufe mehr davon, als ich trinken kann. Sie stapeln sich im Keller, und wenn es zu viele werden, ist es nützlich, durstige Freunde und viel Käse zu haben. Beides war einmal kurz vor Weihnachten bei mir im Haus versammelt, um zu passenden Häppchen eine ganze Kiste reifer Auslese zu vernichten.

Die Weine waren sehr gut, alle artikuliert, einige davon aufregend und fesselnd. Dann öffnete ich eine 1990er Niederhäuser Hermannshöhle Auslese von Dönnhoff. Meine Freunde sollten den ersten Schluck blind verkosten, nicht um den Wein zu erraten, sondern um den ersten Anflug ohne einen klingelnden Namen auf sich wirken zu lassen. Als dieser Wein eingeschenkt wurde, beobachtete ich, wie sich eine Art Zauber auf meine Freunde legte. Ich hatte es nicht geplant und war nicht davon ausgegangen, dass der Wein besser war als die anderen, die ich bereits ausgeschenkt hatte. Aber das Geplauder ebbte ab und die Stimmung verwandelte sich von geistreich und gesellig zu nachdenklich und meditativ.

Man ringt um Worte. Es gibt den weisen Rat, Dingen gegenüber, die sich nicht in Worte fassen lassen, argwöhnisch zu sein. So einleuchtend mir das erscheint, kann es doch nicht alles sein. Vielleicht gibt es keine Begriffe dafür, und doch ist da etwas vorhanden. Unter den vielen bedrückenden Werken von Käthe Kollwitz findet sich eine Lithografie mit dem Titel *Gefangene, Musik hörend*. Darin sehen wir ein Häuflein elender Häftlinge, aus deren Leben die Schönheit verbannt gewesen zu sein schien. Doch da ereignet sie sich. Ihre Mienen sind ängstlich, zögernd und staunend, als ihnen vielleicht zum ersten Mal das Erhabene begegnet.

Es gibt Weine, die solche Augenblicke heraufbeschwören. Das sind die Tropfen, die artikuliert sind, ohne aufzutrumpfen, Weine, die den kleinen Halbschatten zwischen Freude und Heiterkeit, zwischen Brillanz und Leuchtkraft zeigen. Ich habe sie gekostet, wie hoffentlich auch Sie. Solche Tropfen sind manchmal ein wenig nervenzehrend, weil sie sich gegen jedes Begreifen sträuben und keine Aussagen machen. Es scheint außerdem unmöglich zu sein, sie gezielt zu erzeugen. Und diese Qualität verwirrt bestimmte Genießer, die gerne vivisezieren, wie ein »gut gemachter« Wein gebaut ist.

Kürzlich hatte ich einen absolut wunderbaren Wein aus dem Schlossgut Diel, der bekannten Winzerei aus Rümmelsheim an der Nahe. Es war ein 2006er Goldloch Großes Gewächs, ein in jeder Hinsicht bewundernswerter Tropfen. Da ist eine herzhafte Ader von Mineralität und die ganze barocke Fruchtigkeit der großen Goldlochlage. Der Wein ist herrlich ausbalanciert, köstlich und raffiniert. Er demonstriert Sorgfalt und Intelligenz und spendet wonnigen Wohlgeschmack. Dabei ist er ganz fasslich, und alle seine herrlichen Facetten sind leicht wahrnehmbar.

Ein paar Abende später hatte ich einen 2005er Steiner Hund Riesling vom österreichischen Nikolaihof und fand mich abermals vor einem Tropfen, dessen Geschmack ich auf nichts zurückführen konnte. Sicher, ich hätte eine Verkostungsnotiz schreiben und die einzelnen Facetten aufschlüsseln können, aber da gab es einen undefinierbaren Rest. Wo der Diel ausdrucksvoll war, da war dieser Wein heiter. Wo der Diel komplex und köstlich war, da war dieser Tropfen exquisit und geheimnisvoll. Wo der Diel eine prächtige Aromafanfare blies, da säuselte der Nikolaihof ein Wiegenlied. Soll ich noch weiter gehen auf die Gefahr hin, albern zu klingen? Wo dem Diel vor seiner eigenen Schönheit schwindelig war, da war der Nikolaihof zufrieden mit seiner eigenen Ruhe, Gelassenheit und heiteren Leichtigkeit. Er behauptete nichts und vermittelte alles. Es ist gerade diese beinahe unheimliche Selbstbeherrschung, die so eine merkwürdig unwiderstehliche Lust erzeugt.

Damit will ich beileibe nicht jene Tropfen verleumden, die bewusst und ausdrücklich groß sind. Doch solche Weine gehen dir nahe. Sie sind nicht zweideutig oder begnügen sich mit Andeutungen; sie kommen direkt auf den Punkt. Sie sind groß. Und das ist natürlich eine wunderbare Sache.

Doch um auf Helmut Dönnhoff zurückzukommen: Dies gilt, wie ich glaube, von wenigen Ausnahmen abgesehen nicht für seine Weine. Sie sind schwierig zu analysieren, weil sie nicht stillhalten; sie sind zu sehr damit beschäftigt, zu zerfließen. Sie bestürmen dich nicht aus einer bestimmten Ecke heraus; sie laden dich vielmehr ein, in einen weiten Zusammenhang einzutreten, der sie einschließt, aber bei ihnen nicht Halt macht. Diels Goldloch ist der Turm einer großen gotischen Kathedrale, mächtig und filigran, der zu einem bestimmten, am Himmel erkennbaren Punkt empor-strebt. Aber wenn ich an Dönnhoff denke, kommen mir die friedlichen kleinen Klöster in der Nähe und die bedächtigen Vögel in den Sinn, die in ihrer schattigen Luft leben. Das hat mit Textur zu tun, aber nicht nur. Ich habe keine Ahnung, ob Helmut Dönnhoff meinen Eindruck auch nur im Ansatz teilt – ich habe den Verdacht, er hält mich eher für ein bisschen meschugge –, aber ich glaube nicht, dass es irgendeine Formel gibt, die seinen Wein erklären kann. Gewiss, man kann es versuchen und sich die Ernteauslese, die Art der Kelterung, die Wahl der Hefen, die Vergärungs-temperatur, die Art der Lagerbehälter, die Kellertemperatur ansehen. Sind es alle diese Elemente, oder nur einige davon? Oder sollten wir einfach das Mysterium akzeptieren, dass ein Wein von derart überirdischer Samtigkeit auch noch so viel Information enthalten kann? Tatsächlich ist der Wein selten das, was wir »intensiv« nennen. Er hat im Anflug keine große Wirkung, sondern nimmt dich mit einer schwer begreiflichen Zärtlichkeit für sich ein.

Solche Tropfen haben mehr als andere etwas Gewinnen-des und Geselliges. Sie sprechen nicht nur zu deinen Sin-nen und scheinen beinahe gänzlich ohne Affekt auszukom-men. Sie sind von sich aus heiter und numinos gerade in ihrer feinen Zurückhaltung. Wir finden hier alle Gründe, aus denen wir Wein lieben sollten, aber nur wenige, weshalb wir es tatsächlich tun.

Ich hatte beim Kosten eines Dönnhoff-Weins nie das Gefühl, dass er es darauf anlegte, Eindruck zu schinden oder meine Sinne zu »unterhalten«. Diese Tropfen bringen nur eine reine Ehrlichkeit zum Ausdruck, sie müssen nichts beweisen. Sie haben nichts Auftrumpfendes und erfüllen mich in ihrer Selbstbescheidung mit einer angenehm verträumten Ruhe.

So wie ein Wald mehr ist als ein Haufen Bäume und Musik mehr ist als eine Ansammlung unterschiedlicher Töne, so gibt es Weine, die in ihrem Gesamtbild mehr zu sein scheinen als die bloße Summe ihrer Geschmackskomponenten. Manche Weine laden dagegen geradezu dazu ein, sie in ihre Facetten aufzugliedern und bei einzelnen davon zu verharren. Wer sich allzu sehr an sie gewöhnt, verlernt leicht, Weine von ungewohnter »Ganzheit« zu würdigen, deren kompaktes, geschlossenes, irreduzibles Geschmacksbild ebenso real wie schwer erklärlich ist.

Eines Jahres besuchte ich Helmut Dönnhoff zu einer zweiten Verkostung, und als er mir und meinem Kollegen seine neuen Tropfen vorsetzte, war ich so eifrig in unsere Unterhaltung vertieft, dass ich sie gedankenlos durchging, fast wie jene Berufspendler, die an einem Januarmorgen in einer Washingtoner U-Bahn-Station achtlos an Joshua Bell vorbeigeeilt waren. Doch zu meinem Glück weckte einer der Weine meine Aufmerksamkeit, es war ein denkwürdiger Moment. Plötzlich erfüllte mich Stille, ein kleiner, verzückter Augenblick.

Nicht zufällig liebe ich den Ausdruck *vini di meditazione* (Meditationsweine). Es gibt Weine für eine flotte Wanderung und Sitz-still-und-sei-ruhig-Weine. Wenn man auf einer Wanderung ist und nach einer Weile innehält, um einen Schluck Wasser zu trinken, fallen einem plötzlich all die Dinge auf, die man beim Ausschreiten nicht bemerkt hat: flatternde Blätter, tanzendes Gras, alles, was da kreucht und fleucht. Einen solchen Effekt können auch »meditative« Weine erzeugen, und es ist mir ein komplettes Rätsel, wie sie das eigentlich bewerkstelligen. Selbst dann, wenn ich es technisch nachvollziehen könnte, bliebe es mir unverständlich. Ich ahne nur, dass Brillanz, Charakter und Bestimmtheit im Wein zwar wunderbare Eigenschaften sind, ihr Zauber jedoch ab einem gewissen Punkt verfliegt. Sie dienen dann nur noch dem Amüsement, selbst wenn es zuweilen ein sehr schönes und erhabenes ist. Die tiefgründigsten Tropfen dagegen beschleichen dich förmlich und entfalten erst nach und nach ihre berückend magischen Wirkungen.

Metaphysik, so hat der britische Philosoph Francis H. Bradley einmal sinngemäß gesagt, sei das Auffinden schlechter Gründe für etwas, das wir instinktiv wissen. Mein Freund, der Weinautor David Schildknecht, zitiert diese Einsicht gern, und auch mir gefällt sie, weil sie so schön unsere Hilflosigkeit gegenüber dem Unerklärlichen zum Ausdruck bringt.

Es gibt eine Art von Schönheit, die uns wie beiläufig gewahren lässt, dass wir mehr sind als bloße Lebenserhaltungssysteme mit angeschlossenem Geschmacksapparat. Als Menschen können wir unser ganzes Sein einem Glas Wein zuwenden. In der Stille meditativer Tropfen können wir eine Art Göttlichkeit vernehmen. Dazu wird uns nicht einmal eine große Anstrengung abgefordert, das ist das Schöne daran. Wir müssen uns nicht eigens in einer spirituellen Praxis üben, meditieren, Séancen abhalten oder uns beim Joga verrenken. Es reicht völlig aus, wenn wir uns entspannen und für ein paar Minuten aus unserem Alltagstrott heraustreten.

Der letzte Ton eines Musikstücks ist die Stille, die der letzten Note folgt, heißt es. Robert Frost hat einmal gesagt, wenn ein Poesieband 24 Gedichte enthält, dann ist das Buch selbst das fünfundzwanzigste. Es gibt Weine, die uns den Schlag der Uhr zwischen dem Tick und dem Tack hören lassen. Es spielt kaum eine Rolle, wie sie so geworden sind; es kommt darauf an, dass sie in der Welt sind und wir – Gefangene, die Musik hören – auf sie ansprechen.

KAPITEL 5

Reizthemen

Ist jeder Geschmack gleich viel wert?
Eine Verteidigung des Elitären

Gerne wird behauptet, alle Geschmäcker hätten den gleichen Wert. Dahinter steckt eine falsch verstandene demokratische Gesinnung oder eine anbiedernde Volkstümlichkeit, als ob ein schnoddriger Umgangston und Dosenbier uns dem einfachen Volk näher bringen würden. Doch im Grunde spricht, wer die Gleichwertigkeit aller Geschmäcker behauptet, gar nicht vom Geschmack, sondern von sich selbst, und was soll Geschmack überhaupt mit Wert zu tun haben? Er ist entweder fein oder grob, kultiviert oder achtlos, ja durchaus auch gut oder schlecht (und das oft bei ein und derselben Person). Aber wertvoll?

Zweierlei lässt sich feststellen. Erstens existieren überall in der Natur Rangordnungen, und wo es Hierarchien gibt, da finden sich auch Eliten (der Löwe ist, wenn man so will, die »Elite« der Fleischfresser). Zweitens verfügen viele von uns auf irgendeinem Gebiet über Expertise, und Könnerschaft wird häufig anerkannt, ohne dass gleich lauthals über Snobismus und Elitismus gejammert wird. Wer zum Beispiel für Fußball mehr als Verachtung übrig hat, wird anerkennen, dass es eine Fußballerelite gibt, zu der aktuell zum Beispiel Spieler wie Lionel Messi gehören. Niemand würde in diesem Zusammenhang bei dem Wort Elite zusammenzucken. Messi ist ein Technikkünstler und Torjäger par excellence und gehört damit auf seinem Gebiet zu einem kleinen, erlauchten Kreis. Wer allerdings von Gegenständen spricht, die als abgehoben gelten, ist schnell als elitärer Snob verschrien.

Als Baseballfan hatte ich bei einer Partie eines Tages das Glück, neben einem professionellen Spielbeobachter zu sitzen, dessen Job es war, Informationen über Spieler und Taktik beider Mannschaften zu sammeln. Ich bat ihn, für mich laut zu denken und mir seine Perspektive zu schildern, und dabei stellte sich heraus, dass er ein gänzlich anderes Spiel sah als ich. Ich war baff vor Bewunderung für sein geschultes Auge. Was mir wie ein aufregendes Match vorkam, war für ihn ein mies gespieltes, taktisch schwaches Spiel, alles andere als ein Ruhmesblatt des Baseballs. Mit seinen sachkundigen Erläuterungen öffnete er mir die Augen für eine ganz neue Welt. Ich fühlte mich nicht unterlegen oder zurechtgewiesen, sondern im besten Sinne des Wortes eines Besseren belehrt.

So ähnlich ist es, wenn ich meinen Wagen zum Automechaniker bringe. Der bemerkt ganz andere Geräusche im Brummen des Motors. Ein Klavierstimmer hört winzige tonale Abweichungen, für die ich praktisch taub bin. Eine ausgebildete Masseuse erkennt Muskelverspannungen, die mir selbst gar nicht bewusst sind. All das sind Beispiele für eine Expertise, die wir für selbstverständlich halten. Wenn sich aber jemand als Weinexperte zu erkennen gibt, werden viele argwöhnisch und wittern Snobismus.

Ich habe bereits erwähnt, dass sich Weinautoren häufig in der Pflicht sehen, Wein zu entmystifizieren, um ihn breiteren Schichten zugänglich zu machen. Dann würden mehr

Menschen zu Weintrinkern, und die Welt würde ein besserer Ort. Wenn die Leute Billigweine mögen, ist zunächst Nachsicht angesagt; sie können sich ja allmählich eines Besseren besinnen und irgendwann die Tropfen schätzen, die wir selbst mögen. Vielleicht auch nicht. Ich glaube eher, dass sich neben der Erfahrung hier ein angeborener Geschmack Bahn bricht. Sind die Pommesliebhaber von heute, die sich am liebsten bei irgendwelchen Buden anstellen, etwa demnächst die leidenschaftlichen Gourmets in den Restaurants von Paul Bocuse oder Cornelia Poletto? Sollen wir ihnen etwa schon dafür Beifall klatschen, dass sie überhaupt ein gastronomisches Angebot wahrnehmen? Die Logik dahinter will mir nicht recht einleuchten.

Andere Weinautoren beteuern, es gebe keine Regeln, man solle doch einfach trinken, was man mag. Auf den ersten Blick ein vernünftiger Rat. Wenn Sie gerne jungen Barolo zu einem Dutzend roher Austern trinken, werde ich Sie nicht davon abhalten (obwohl mir schaudert bei dem Gedanken, was sich da wohl in Ihrem Mund abspielt). Wenn Sie einen Cognac mit einer Handvoll Sardinen mögen, die Sie 20 Minuten darin baden, tun Sie sich nur keinen Zwang an. Ich will Sie nicht vor den Folgen Ihres perversen Geschmacks bewahren und gehöre nicht zu denen, die Ihnen das Recht dazu absprechen.

Einige von uns reden allerdings lieber Klartext. Nicht aus Snobismus, Sadismus oder aufgrund einer anderen üblen Veranlagung, sondern weil es dabei hilft, die Welt der Erfahrung zu ordnen. So stemmen wir uns gegen das Chaos.

Welche Expertise wir uns auf unserem Fachgebiet auch erworben haben – sobald wir es verlassen, tun wir gut daran, uns in Bescheidenheit zu üben. Wir stehen alle stets auf beiden Seiten der Scheidelinie. Ich bin zum Beispiel von Düften fasziniert, aber als Parfümkenner ein Grünschnabel. Ich war der Meinung, ich hätte einen guten Geschmack, weil es mein eigener war! Dann las ich in der *New York Times* etwas von Chandler Burr über Parfüme und war verdutzt, dass er viele meiner Favoriten verabscheute, während ich einige, die er über den Klee lobte, abstoßend fand. Es versteht sich von selbst, dass wir bestimmte Dinge aus einem subjektiven Blickwinkel wahrnehmen, und selbst wenn sich tanninreicher Rotwein und Garnelen zu einem stark metallischen Geschmack im Mund verschwören, bin ich mir sicher, dass irgendjemand auch diesen Geschmack mag und es verübeln würde, darüber belehrt zu werden, wie scheußlich das sei.

Wenn Sie Marshmallows mögen, nur zu. Es sind nur Chemikalien, Gelatine und Zucker, aber entschuldigen Sie sich nicht dafür. Kosten Sie den ganzen Genuss aus, den sie bieten können. Nur behaupten Sie nicht, dass sie so gut sind wie hausgemachte Süßspeisen aus natürlichen, frischen Zutaten, oder dass jeder, der etwas anderes sagt, ein Snob ist. Ich bin kulturinteressiert, aber ich ertrage keine Opern, dafür habe ich einen perversen Hang zum Profi-Wrestling. Wir sind alle eine Mischung aus hohen und niedrigen Geschmäckern, wir sollten beides allerdings nicht miteinander verwechseln.

Vor kurzem unterhielt ich mich im Flugzeug mit einer Cellistin, einer jungen Frau, erst Mitte 20. Das Thema kam natürlich auf Musik, und es wurde mir klar, dass sie einen breiteren Geschmack hatte als ich. (Ich bin ein Jazzfossil Mitte 50.) Als ich das anmerkte, antwortete sie: »Na ja, fin-

den Sie nicht, man sollte in allem die Vorzüge suchen?« So
gern ich ihr zugestimmt hätte, es wäre unaufrichtig gewesen. »Nein«, erwiderte ich stattdessen, »ich glaube, *Sie* sollten die Vorzüge in allem suchen; da stehen Sie gegenwärtig
in Ihrem Leben. Aber in meinem Alter kommt es darauf an,
das zu identifizieren, was einen ärgert oder schmerzt, damit
man dem aus dem Weg gehen kann.«

»Wir sollten«, so schrieb der Weinautor Stuart Pigott
einmal, »damit anfangen, Weine mit Balance, Eleganz und
Originalität als so erstaunlich zu beschreiben, dass unsere
Leser das Gefühl bekommen, sie einfach probieren zu *müssen*.« Ein wahres Wort. Kritiker müssen für etwas stehen;
andernfalls fehlt ihnen der Mumm. Die erste Aufgabe besteht
darin, das Gute zu finden und zu preisen. Doch jedes Mal,
wenn wir für etwas Stellung beziehen, stellen wir unaus-
gesprochen etwas anderes in den Schatten. Daran ist nichts
zu ändern: Das, was wir lieben, verweist auch auf das, was
wir nicht mögen. Wir sollten nicht davor zurückschrecken,
beides zu benennen, insbesondere nicht aus Angst davor,
die Empfindlichkeiten von Philistern zu verletzen (die im
Übrigen keinerlei Skrupel haben, uns Etiketten wie »Snob«
und »elitär« um den Hals zu hängen). Gott weiß, wir wären
lieber jedermanns und jederfraus Liebling. Wir könnten
uns so menschlich und großzügig fühlen, wenn wir Leuten
mit einem ungebildeten (oder schlichtweg grässlichen)
Geschmack versichern, er sei so gut wie jeder andere. Aber
es ist eine Lüge, die wir nur auftischen, damit wir selbst uns
edel fühlen, und es ist zudem unfair, denn die Leute haben
ein Recht darauf, es zumindest zu erfahren, wenn sie herab-
lassend behandelt werden.

Freilich ist das kein Persilschein für wohlfeile Beleidi-

gungen. Tyrannen des guten Geschmacks mögen einen besseren Gaumen haben als solche des schlechten, aber sie
sind trotzdem scheußlich. Klare Unterscheidungen in
Geschmacksfragen sind kein Freibrief dafür, in arroganter
Weise über andere den Stab zu brechen.

Pigott meinte ferner, dass jeder Wein, den irgendjemand
mag, schon allein dadurch »guter« Wein sei, doch damit
geraten wir auf eben jene schiefe Bahn, die wir hinabrut-
schen, wenn wir in Geschmacksfragen allzu »demokratisch«
sein wollen. Es ist schlichtweg unmöglich, einen Wein nur
deshalb für gut zu befinden, weil es irgendjemanden gibt,
egal wen, dem er gut schmeckt. Das ist unverantwortlich
und weicht der Frage aus. Bei einer Präsentation war ich
einmal so beschäftigt, dass ich Flaschen öffnete, ohne sie
genau zu prüfen. Ein Kunde fand einen der Tropfen »fan-
tastisch«. Nie habe er etwas Vergleichbares gekostet, jubilierte er. Sein Enthusiasmus steckte mich an, ich goss mir ein
Schlückchen zum Kosten ein. Korkig! Was hätte ich nach
Pigotts Definition von »gut« tun sollen? Der Herr mochte
einen Wein, der offensichtlich mangelhaft war. Er hat jedes
Recht, ihn zu mögen, das stellt niemand in Abrede. Aber
meine Ehre gebot es, ihn – diskret und taktvoll, versteht
sich – zu berichtigen.

Daher kann ich keiner Definition von »gut« zustimmen,
die so demokratisch, indifferent und beliebig ist, wie Pigott
und andere es gerne hätten. Ich glaube nicht, dass die Natur
irgendetwas mit unserer Vorstellung von Demokratie anfangen kann. Einige Dinge sind nun einmal besser als andere,
und eine unserer Aufgaben besteht darin, unsere Leser, so
liebenswürdig es geht, zur Würdigung solcher Unterschiede
zu befähigen.

Haben solche demokratischen Prinzipien bei anderen Kulturgütern, die sich ästhetisch würdigen lassen, eine größere Berechtigung? Könnten wir ernstlich einer Aussage beipflichten wie »Alle Kunst ist gut, solange sie jemandem gefällt«? Und würde dann nicht für Architektur, Dichtung und Kochkunst das Gleiche gelten? Oder ist Wein irgendwie etwas Besonderes, weil nicht so viele Menschen ihn trinken? Und sollten wir auf jede Art des ungebildeten oder fehlgeleiteten Geschmacks eingehen, nur weil wir mehr Menschen zum Weintrinken bewegen möchten?

Niemand, das will ich betonen, muss Wein in der gleichen Weise mögen wie ich oder irgendein anderer Experte. Wenn Wein für Sie nebensächlich ist, dann endet die Diskussion an dieser Stelle. Wein ist kompliziert, und der informierte Umgang mit ihm kann für die, die ihm nur ihre halbe Aufmerksamkeit widmen, einschüchternd sein, aber ich schlage Ihnen eine Abmachung vor: Sie lassen sich nicht von meiner Expertise einschüchtern, und ich rede Ihnen kein schlechtes Gewissen ein, dass Sie sich ein Wissen über ein Thema erwerben sollen, dass Sie für so wichtig nicht halten.

Autoren sind gut beraten, mit Takt und Rücksicht zu schreiben. Jeder Weinexperte, der zur Feder greift, sollte seine Worte behutsam wählen, um Menschen mit zweifelhaftem oder ungebildetem Geschmack nicht mutwillig vor den Kopf zu stoßen. Aber das bedeutet nicht, dass er die Verantwortung abstreifen sollte, die gesamte Bandbreite seiner Urteilsfähigkeit zur Geltung zur bringen – das ist ja gerade seine Aufgabe –, nur um irgendeiner romantischen Idee von Demokratie und Gleichheit nachzuhängen.

Es gibt keine »wertlosen« Aspekte des Weingenusses, wohl

aber höhere und niedrigere Genüsse. Auch wenn wir zu den höheren vorgedrungen sind, können wir stets zu den niedrigeren zurückkehren. Das macht Spaß! Wir sollten es sogar häufig tun, weil es gut ist, mit unserem inneren Proleten in Kontakt zu bleiben, andernfalls laufen wir Gefahr, dass unser Geschmack geziert und überfeinert wird. Wenn wir jedoch noch damit beschäftigt sind, unseren Weingeschmack zu verfeinern, sind uns Leute keine Hilfe, die uns keine Unterschiede zwischen untauglichen, gewöhnlichen, guten, feinen und großen Weinen aufzeigen, oder zwischen »Industrieweinen« aus der Massenherstellung und »landwirtschaftlichen« aus kleineren Winzereibetrieben. Aus meiner Sicht ist es höchst lieblos und schädlich, allen Geschmack in fadenscheiniger Gleichmacherei zu verflachen und es gar den Philistern zu überlassen, das Niveau zu bestimmen.

Ich hege eine heftige Abneigung gegen vorfabrizierte Weine und Tropfen, die überbordend und laut sind. Sie enervieren mich, und ich will Ihnen sagen, warum. Ich vertrete nicht jedermanns Geschmack, aber ich strenge mich an, klare Signale zu senden, für das einzutreten, was ich für wertvoll halte, und herauszustellen, was ich minderwertig finde und warum. Wenn mein Ton dabei, in Pigotts Worten, »überlegen, sogar diktatorisch« klingt, liegt der Fehler ganz bei mir, denn dann habe ich mich nicht verständlich genug gemacht.

Eines indes bleibt wahr: Geschmack bewegt sich entsprechend der erlangten Urteilskraft und Verfeinerung auf einem Kontinuum aufwärts. Jeder von uns kommt darauf nach seinem oder ihrem Vermögen und Wunsch voran. Es ist hilfreich, alle Stationen auf dem Weg zu beschreiben und uns daran zu erinnern, dass wir, wenn wir auf einem Gebiet das Beste – die »Elite« – in Ehren halten, dies keine Geste des Snobismus, sondern der Liebe ist.

Sinnlose Noten

Es lohnt sich, auf diesen Punkt etwas näher einzugehen. Systeme zur Benotung von Wein mögen aus Sicht der Verbraucher hilfreich sein oder nicht. Wahrscheinlich sind sie nützlich, sonst hätten sie sich nicht so geschwürartig ausgebreitet, auch wenn das Denken, das sie befördern, eine negative Rückkoppelung auslöst, indem es die Konsumenten zuerst bevormundet und dann vom jeweiligen Benotungssystem abhängig macht. Lassen wir das jedoch einen Augenblick beiseite und nehmen wir einmal an, dass Punktesysteme für Weinkonsumenten, denen an bündigen Kaufempfehlungen gelegen ist, attraktiv sind, dann bleibt immer noch der Einwand, dass Benotungssysteme nicht ganzheitlich funktionieren. Denn die ihnen innewohnende Vorstellung eines »perfekten« Ideals, dem man sich schrittweise nähern könne, ist für sich genommen problematisch, weil Wein ja nicht nur beurteilt wird, sondern auch ein Gebrauchsgut ist, das in vielfältigen Zusammenhängen *benutzt* und genossen wird.

Nehmen wir ein Beispiel: Sind reifere Weine grundsätzlich besser als weniger reife, *weil* sie konzentrierter sind? Darauf kann es nur eine mögliche Antwort geben: Das hängt davon ab. Vielleicht lautet die Antwort »ja«, wenn man Punkte auf einer absoluten Skala vergeben muss, aber gewiss nicht, wenn man Relativität und Gleichwertigkeit in die

Gleichung aufnimmt. Ein lebhafter, leichter Sancerre kann ein »perfekter« Wein zu Austern sein, für die ein mit mehr Punkten bedachter Tropfen zu konzentriert wäre.

Die Frage der Perfektion ist auch deshalb so kompliziert, weil es, wenn wir uns einem intensiven Genuss hingeben, so ungeheuer verführerisch ist zu denken: Besser geht es nicht. Doch das Streben nach Vollkommenheit ist fruchtlos; es führt uns in unzählige Sackgassen, es lockt uns in ein Labyrinth und beschwindelt uns dann über unseren Standort. Es besteht kaum ein Zweifel, dass beim Wein der Grad zwischen dem Perfekten und dem Langweiligen schmal sein kann. Damit müssen wir uns gar nicht über den Makel hinwegtäuschen; ganz im Gegenteil. Wir mögen den (angeblichen) Makel, weil er den Inhalt unseres Glases interessant, lebendig, zugänglich macht. Meine Weihnachtstanne lässt an einer Seite die Äste etwas hängen und ist sicherlich nicht so ebenmäßig, wie ein falscher Baum es wäre, aber sie riecht so gut und ist lebendig. Wenn Vollkommenheit erreichbar ist, kann sie nicht wunderbar, sondern nur unwahrscheinlich sein. Unvollkommenheit ist die Voraussetzung des Wunders.

Doch in Weinführern geht es nicht um Wunder. Sie wollen vielbeschäftigten Konsumenten, die nicht wissen, was sie kaufen sollen oder ob sie ihrem Weinhändler über den Weg trauen können, eine Rettungsleine zuwerfen. Schön und gut. Aber müssen denn die Skalen so exakt sein (oder so tun als ob)? Als der berühmte Weinkritiker Pierre-Antoine Rovani noch mit dem ebenso berühmten Weinkritiker Robert Parker zusammenarbeitete, fragte ich ihn einmal, warum es nicht ausreiche, die Weine einfach unter allgemeine Rubriken einzuordnen, wie ordentlich / gut / sehr

gut / exzellent / herausragend. »Gute Frage«, antwortete
Rovani. »Was Sie vorschlagen, ist also eine Fünf-Punkte-
Skala.« Touché! »Der Spaß ist, wenn mit seinem eignen Pul-
ver / Der Feuerwerker auffliegt«, wie es im *Hamlet* heißt.
Mein Fehler war, die Frage in den Kategorien der Verteidi-
ger der Benotungssysteme anzusprechen, deren Logik sich
selbst bestätigt und zirkulär ist.

Kritiker haben eine Verantwortung, klar Position zu
beziehen, und die Benotung mit Punkten zwingt sie dazu.
Sie können sich nicht hinter einem vagen und nebulösen
Wortgesäusel verstecken. »Der Wein«, so verkünden sie,
»hat 88 Punkte, mehr ist darüber nicht zu sagen. Lesen Sie
bitte auch meine Prosa dazu, dort finden Sie meine tollen
Geschmacksassoziationen und krassen Vergleiche, aber der
eigentliche Zauber liegt in den Punkten.«

Aus dieser Perspektive besteht die Rolle des Kritikers
darin, dem Publikum die Augen zu verbinden und ihm
dann zu sagen, wer das Rennen gewonnen hat und um wie
viele Längen. Es ist alles glasklar, die Absichten sind nur die
besten. Dabei ist die Logik solcher Systeme gar nicht falsch,
sondern nur unvollständig.

Erstens führt jedes Benotungssystem umso mehr in die
Irre, je stärker es Genauigkeit vorspiegelt. Je exakter, desto
täuschender ist es. Wir wissen alle, dass Wein ein beweg-
liches Ziel ist. Selbst industrieller Wein ist, obwohl auf
Vorhersagbarkeit ausgelegt, nichts ehern Feststehendes.
Warum? Weil wir selbst ja sozusagen bewegliche Ziele sind.
Wir fühlen uns jeden Tag und zu verschiedenen Tageszei-
ten anders. Unser Körper ist veränderlich, unser Gaumen
wandelbar. Die allzu säuerliche Salatsoße, die wir mittags
aßen, wird jeden Wein beeinträchtigen, den wir am Nach-

mittag süffeln. Es spielt keine Rolle, wie verantwortungsvoll wir zu sein versuchen: In dem Moment, in dem wir einem Wein einen absoluten Wert zuweisen, fällen wir ein Fehlurteil. Und je spezifischer wir zu sein vorgeben, desto mehr streuen wir anderen Sand in die Augen.

Natürlich werden erfahrene Verkoster Raum für die Variablen lassen, die ich angeführt habe (und andere, die ich nicht erwähnt habe), doch bei jedem Versuch, ihre Allwissenheit zu verkaufen, sind selbst dann, wenn sie sich ein bisschen Beinfreiheit verschaffen, ihre Hände gebunden. Jedes Mal, wenn jemand Robert Parker fragt, ob er je einen Fehler gemacht oder eine Punktzahl verändert oder bedauert habe, muss ich lachen. Frag das Orakel alles, was du willst, aber frag es nie, ob sein Rat oder seine Vorhersagen je falsch waren. Denn es wird nicht mehr das Orakel sein, wenn es antwortet: »Äh, ja, mein Rat war zuweilen nicht sehr weise.« Ach, nein? Warum sollte ich dann noch zuhören? Vermeintliche Allwissenheit hat in der Weinkunde nichts verloren.

Wir sollten auch in Erinnerung behalten, dass wir durch so ein Ranking unsere Leser daran gewöhnen, Wein als materialisierte Punktzahl oder Note zu begreifen. Selbst wenn ich einräumen würde, dass Punktsysteme ein notwendiges Übel sind (was ich ausdrücklich *nicht* tue): Wie vielen unschuldigen Käufern von Weinzeitschriften kommt es in den Sinn, dass die Journalisten zwar vielleicht Noten verwenden müssen, aber nicht ihre Leser? Traurigerweise vermittelt diese Obsession unterschwellig die Botschaft, dass die Punktvergabe die Conditio sine qua non der Weinbewertung ist.

»Nehmen Sie's locker«, höre ich Sie rufen. »Welchen

Schaden richtet es denn schon an?« Der Schaden scheint kaum merklich zu sein, weil seine Symptome harmlos wirken, doch die langfristige Wirkung ist verderblich.

»Der ästhetische Moment«, so beginnt ein schönes Zitat des britischen Malers, Kunstkritikers und Schriftstellers John Berger aus seinem Essay *Der weiße Vogel*, »bietet die Hoffnung, dass wir weniger allein sind, dass wir tiefer in die Existenz eingebettet sind, als uns der Lauf eines einzelnen Lebens weismacht.« Wein bietet die Gelegenheit zu eben solchen ästhetischen Augenblicken. Es muss kein großer, es muss nur ein *wahrer* Tropfen sein, verbunden nicht mit einer Fabrik, sondern mit einer Winzerfamilie, nicht mit einem Labor, sondern mit einem Patrimonium. Wir sind eingeladen, ihnen unsere Seele zu öffnen, denn solche Weine stoßen Türen auf, durch die wir in eine größere Welt eintreten als die, die wir üblicherweise bewohnen. Dazu brauchen wir nicht mehr als Offenheit für diese Erfahrung.

Doch wir werden diese Gelegenheit vergeuden, wenn wir gerade in diesem Augenblick unser Ego durchforsten, um zu schauen, wie viele Punkte wir dem Tropfen denn nun »verleihen« wollen. Ist denn niemandem aufgefallen, wie verdächtig großspurig schon allein die Sprache ist? »Wir haben dem Château Blubols so und so viele Zähler auf unserer 100-Punkte-Skala verliehen.« Ach, wie nett von Ihnen! Dieser Wein ist eine Gabe, und Ihnen fällt nichts Besseres ein, als ihn zu »evaluieren« wie einen DVD-Spieler oder einen Staubsauger?

Wie man sich leicht denken kann, wird dieses Thema in verschiedenen Weinforen im Internet heiß diskutiert. Ich erinnere mich an den Kommentar eines Users, der stolz berichtete, »in den Gebrauch der 100-Punkte-Skala hineingewachsen« zu sein, als er das Gefühl gehabt habe, sein Gaumen sei nun »reif genug« dafür. Dieses arme Lamm läuft blind auf die Klippen zu.

Vielleicht ist aber ja doch etwas dran. Wie wäre es, wenn wir auch bei der Literatur eine 100-Punkte-Skala benutzen würden, nachdem wir genug Bücher gelesen haben, um genau beurteilen zu können, wie gut oder schlecht das Zeug ist. Ich gebe Molly Blooms Selbstgespräch mindestens 94 Punkte. Damit rangiert es unter den besten literarischen Szenen aller Zeiten, zusammen mit Nikolai Stawrogins Geständnis (95). Und weiter: George Wilson erschießt irrtümlich den großen Gatsby (92), Humbert Humbert erblickt zum ersten Mal »seine« Lolita und heiratet ihre Mutter (94+), Lady Chatterley gibt sich dem Wildhüter Oliver Mellors hin (96), Malcolm Lowrys allzeit betrunkener Konsul Geoffrey Firmin diliriert über die Lebendverbrennung der deutschen Offiziere auf seinem Schiff (99). Früher habe ich großen Szenen der Literatur keine Noten gegeben, doch dann wurde mir klar, dass aller Genuss letztendlich eine Ware ist und ich es mir selbst schuldig bin, ihn zu quantifizieren. Wenn ich jetzt also Romane lese, denke ich ständig: Wie viele Punkte ist diese Szene wert? Ich beurteile die Bildsprache, die Diktion, den rhetorischen Gesamteindruck und schließlich, wie nahe sie mich den Tränen bringt. Leicht angefeuchtete Augen bringen 90 Zähler. Leicht angefeuchtete Augen plus Kloß im Hals bringen 91 bis 92 Punkte. Gänzlich feuchte Augen ohne Kullertränen erbringen 93 bis 96 Zähler. Ein bis drei Tränen, die über die Wangen laufen, ergeben 95 bis 96 Punkte, und ein herzerweichendes Flennen mit allem Drum und Dran erzielt die höchste Punktzahl. Seit ich damit angefangen habe, bringen mir diese großartigen Bücher so viel mehr!

Warum bei Büchern Halt machen? Unterziehen wir doch all unsere Genüsse einer präzisen Analyse und bewerten sie auf einer absoluten Skala. Dann werden wir wissen, wie sich das 100-Punkte-Glück anfühlt. »Ich könnte nicht glücklicher sein!« Tatsächlich?

Mir wäre es lieber, wenn Weinautoren versuchen würden, die Liebe der Menschen zum Wein zu vertiefen, doch sie tun, was sie können, und erfüllen die Erwartungen, die sie bei ihren Lesern geweckt haben. Robert Parker mag eine leichte Zielscheibe für meine Frustration sein, aber die Wahrheit ist komplizierter, denn er hat der Weinwelt im Lauf seiner schillernden Karriere enorme Dienste geleistet und weit mehr Nutzen als Schaden gestiftet. Doch ich glaube auch, dass Petrus, wenn dereinst Mr. Parker vor ihm steht, dessen Reisetasche durchstöbern, den Ordner mit der Aufschrift *Die 100-Punkte-Skala* herausfischen und verkünden wird: »Das nehme ich mal an mich. Das wirst du hier nicht brauchen.«

Globalisierung im Wein: Bedrohung oder Popanz?

In 50 Jahren wird es vielleicht kurios anmuten, dass ein einzelner Kritiker wie Parker so viel Einfluss ausüben und obendrein zum Zentrum einer Auseinandersetzung werden konnte, die um die Befürchtung kreist, dass Weine auf der ganzen Welt immer ähnlicher schmecken, weil sie nach seinen Benotungsvorlieben modelliert sind. Das Kürzel für diese komplizierte Gemengelage heißt »Globalisierung«.

Viele Leute fürchten, dass durch sie die Existenz guter Weine bedroht ist. Andere sehen darin eher Polemik. An beiden Positionen ist – bis zu einem gewissen Punkt – etwas dran. Wenn Sie immer noch bezweifeln, dass zivile Umgangsformen vor dem Untergang stehen, achten Sie einmal darauf, wie diese Diskussion geführt wird, insbesondere im Internet. Ich werde, mit dem gebührenden Bier-, nein: Weinernst, versuchen, die Argumente beider Seiten wiederzugeben und nach ihren Gemeinsamkeiten Ausschau halten. Was wird man wohl in dieser fernen Zukunft über dieses Thema denken? Werden unsere Weine bis dahin absurd homogen schmecken? Wird man sich dann wohl noch an Robert Parker erinnern, an dem sich heute, zu Recht oder zu Unrecht, der Streit festmacht? Weil ich ihn bewundere und mag, wünschte ich, ich könnte sagen, dass er sich der Situation gewachsen gezeigt und dabei eine Gesittung an den Tag gelegt hätte, die einem Doyen der Weinwelt geziemt. Doch, ach, das hat er nicht. Wann immer er sich zu diesem Thema äußert, ob in Magazinen (seinem eigenen, *The Wine Advocate*, oder anderen) oder auf seinem Internetforum, schmälert er seine vielen vernünftigen Argumente häufig durch eine ostentative Abwehrhaltung, durch Beleidigungen und Beschimpfungen. Leute, die anderer Meinung sind als er, bezichtigt er gerne als Angehörige der »Genusspolizei«, die streng darauf achte, dass wir alle nur schmallippige Calvinistenweine süffeln. (Haben die »Genusspolizisten« etwa, anders als Parker, einen Weingeschmack, der *keinen* Genuss spendet?) Er hat für sie sogar eines der abgeschmacktesten Etiketten wieder ausgegraben, das Wort »pseudointellektuell«. Es fragt sich allerdings, wie Parker Pseudointellektuelle von richtigen unterscheidet.

Wo immer es Macht gibt, da gibt es auch Missgunst, und Robert Parker ist eine Menge Macht zugewachsen. Seine Punkte entscheiden darüber, was ein Wein kosten darf. Ein Großteil der Kritik, die über ihn ausgeschüttet wird, ist unberechtigt, und viel davon lässt sich der konfusen Gereiztheit von Leuten zuschreiben, die nicht den Hauch von Parkers Erfahrung und Ernsthaftigkeit besitzen. Einige Kritikpunkte haben jedoch etwas für sich.

Vor ein paar Jahren erschien ein sehr schönes Buch, Lawrence Osbornes *The Accidental Connaisseur*, in dem der Autor eher nebenbei die Frage aufwarf, ob Weine auf der ganzen Welt von einer zunehmenden Uniformität bedroht seien. Er deutete dies mit raffinierter Schlitzohrigkeit nur an und schlug damit noch keine großen Wellen. Wer liest schon Bücher?

Kurz darauf drehte ein Freund von ihm (und mir) namens Jonathan Nossiter einen Dokumentarfilm mit dem Titel *Mondovino − Die Wahrheit liegt im Wein*, der das Thema direkt aufgriff, dieses Mal mit polemischer Leidenschaft. Filme erreichen die Menschen leichter, und jetzt kam die Lawine ins Rollen. Über Nossiter ergoss sich eine Flut von Anfeindungen, wie sie jeden trifft, der eine der grundlegenden Orthodoxien seiner Zeit infrage stellt. Dass er offenbar einen Nerv getroffen hatte, ließ sich an den vielen nörglerischen und beleidigenden Anwürfen ablesen.

Doch wie erklärt sich eigentlich die Heftigkeit der Reaktionen? Normalerweise würde ich argumentieren, dass wir eben zu Überreaktionen neigen, wenn wir etwas Wertvolles in Gefahr wähnen. Doch ist ja der Weinstil, der Osborne, Nossiter und mir unbehaglich ist, so vorherrschend, dass kein vernünftiger Mensch behaupten würde, er sei in seinem Bestand irgendwie gefährdet. Nein, dahinter muss noch mehr stecken. Es gibt gute Argumente auf beiden Seiten, aber auf einer überwiegt ein kujonierender Ton, der umso verwunderlicher ist, als die dort verfochtene Position eigentlich stark genug ist.

Ich werde versuchen, die Positionen beider Lager zu umreißen. Meine Vorliebe ist klar, aber ich kann auch der anderen Seite etwas abgewinnen und glaube, sie verdient mehr Würdigung, als ihr gereizter Ton vermuten lässt.

Zunächst zur Begrifflichkeit. Es gibt zwar berechtigte Sorgen über das Vordringen multinationaler Konzerne in das Weingeschäft, das Wort »Globalisierung« dient hier aber als Kürzel für die Befürchtung, dass Weine auf der ganzen Welt immer stärker an einer einheitlichen Formel ausgerichtet werden, um den Ansprüchen maßgeblicher Weinkritiker, namentlich denen von Robert Parker, zu genügen. Diese Formel, wie ich sie verstehe, legt großes Gewicht auf Reife (und den hohen Alkoholgehalt, den sie mit sich bringt) und übermäßig stark betonte Aromen, ja wahre Aromengüsse, zusammen mit einem gewissen Glanz, einem kräftigen Schuss Eichenaroma, einer spürbaren »Süße«, die nicht auf Restzucker, sondern auf der sogenannten phenolischen oder »physiologischen« Reife beruht und mit vollreifen Schalen und Stielen erzielt wird. Diese Weine neigen zu Geradlinigkeit, Symmetrie und Üppigkeit – und sind in elementar sinnlicher Weise genussvoll. »Hedonistisch« ist ein Adjektiv, das unter den Verfechtern dieses Weinstils heiß geliebt wird. Und wer wäre schon gegen Hedonismus?

Die Kritiker argwöhnen, dass sich aufgrund der vermehrten weltweiten Anwendung solcher Formeln oder

Rezepte beim Wein ein vorherrschender Stil und damit
Eintönigkeit durchsetzt. Sie fragen sich, ob die eigenwilli-
gen oder kapriziösen Weine, die sie mögen, nicht Gefahr
laufen, durch die neuen, vollbusigen Starlets von der Stange
verdrängt zu werden. Der Kürze halber nenne ich sie die
»Romantiker«.

Lassen wir ihre Gegner als »Pragmatiker« antreten. Die
Pragmatiker argumentieren, dass Wein in der Summe nie
besser war als heute und dass gute Tropfen mittlerweile aus
einer größeren Vielfalt von Herkunftsregionen stammen als
jemals zuvor. Für sie gibt es keine globale Vereinheitlichung
der Weinstile und folglich auch kein Problem. Aus ihrer
Sicht sind die Romantiker Umstandskrämer, die ihnen den
Spaß verderben wollen.

Die Triftigkeit dieses Arguments lässt sich, wie ich glaube,
vernünftigerweise kaum bezweifeln. Es gibt sicherlich heute
viel mehr hochwertige und geschmackvolle Tropfen (und,
damit einhergehend, weniger grobe, unsaubere und absto-
ßende Weine) als vor 20 Jahren. Die Position der Romantiker wäre stärker, wenn sie dies zugestehen würden: Das
Niveau ist insgesamt gestiegen, nie gab es so viel guten
Wein wie heute.

Doch wenn auch das Niveau gestiegen sein mag, wurde
dabei nicht zugleich die Decke abgesenkt? Das befürchten
die Romantiker. Sie sind ferner besorgt, dass sich die Pragmatiker, so lange sie nur auf ihre Kosten kommen, zu sehr
um die Ergebnisse und zu wenig um die Machart kümmern. Auf der Höhe dieses Streits gab es in den USA einen
großen Skandal um Steroide im Baseball, der einen Schatten auf die Integrität des Sports warf, eine schöne Parallele
zur Weinwelt. Zu wenig Augenmerk wird der Mitschuld

der Zuschauer bzw. der Konsumenten an solchen Entwick-
lungen geschenkt. Wir wünschen uns das alles lieber zum
Kuckuck. Doch wenn wir ehrlich sind, genießen viele von
uns das Spektakel herkulischer, mit Chemie aufgepumpter
Halbgötter, die den Ball 300 Meter weit schlagen. Sie werden zum Idealtypus, und Spieler, die ihn verkörpern,
bekommen die höchsten Gehälter und locken die meisten
Zuschauer in die Stadien. Das weckt den Neid der anderen,
die ihnen nacheifern, um genauso abzusahnen.

Der Vergleich zum Wein passt nur zu gut. Es besteht kein
Zweifel, dass das vorherrschende Rezept für gut verkäuf-
liche moderne Weine leicht anzuwenden und effektiv ist.
Mit seiner Hilfe werden in großtechnischer Massenproduk-
tion reife, süße, konzentrierte Weine mit sanft eingebette-
tem Tannin hergestellt, ganz gleich aus welcher Region oder
aus welchen Beeren sie gewonnen wurden. Ich glaube, dass
es die Pragmatiker nicht sonderlich kümmert, wie diese
Tropfen gemacht werden, dafür interessieren sie sich umso
mehr dafür, sich von bombastisch aufgedonnerten Weinen,
die geschmacklich nur so explodieren, kitzeln und begeistern zu lassen.

Ließe sich die Diskussion nicht etwas tiefer hängen?
Parker hat häufig seine Bewunderung für moderate, elegante, zurückhaltende Weine geäußert. Auf der Skala ran-
gieren sie bei ihm üblicherweise in den oberen 80ern. Er
hat mir einmal persönlich gesagt, er wünsche sich, dass
mehr Menschen solche Tropfen trinken. Ihm sollte allerdings bewusst sein, dass der Vertriebsartikel namens »Par-
ker-Punkte-System« solche Weine praktisch zu einem blassen Lob verdammt. Obwohl Parker selbst sie genügend
bewundern mag, behält er sich seine stärkste Liebe und

seine emotionalste Prosa für ihre größeren, »hedonistischeren« Cousins vor.

So wird eine bestimmte önologische »Mundart« vorherrschend, weil alle die damit verbundenen Punkte und deren magische Wirkung auf die Rendite einheimsen wollen. Und dieser Aromadialekt ist, oberflächlich betrachtet, auch überzeugend. Er ist im Idealfall herausragend, schlimmstenfalls profiliert er sich aber auf Kosten anderer aromatischer Mundarten. Die Romantiker kämpfen gegen Fadheit und Facettenarmut. Sie (wir!) sind per se vor Einförmigkeit auf der Hut, da sie der Natur zuwiderläuft. Was uns ferner beunruhigt, ist ein heimtückischer Effekt der Einförmigkeit: Sie führt leicht zu Passivität, Bevormundung und Abstumpfung. Wenn Weine immer gleichförmiger werden, gibt es weniger Gründe, aufmerksam zu sein, da sie uns nicht mehr überraschen können.

Die Pragmatiker werden mir hier Übertreibung vorwerfen: Niemand fordert ja ernstlich, dass alle Weine gleich schmecken sollen. (Nur wenigen von ihnen ist aufgefallen, dass bedauerlicherweise immer mehr Weine immer ähnlicher schmecken.) Sie unterstellen den Romantikern des Öfteren, in ein imaginäres Paradies von unsauberen, verschrobenen und rustikalen Weinen zurückkehren zu wollen und dies, wie sie spotten, mit dem Verweis auf das Terroir zu entschuldigen. Es ist ein klassisches Scheingefecht, bei dem jeder auf einen Popanz des Gegners eindrischt.

Ich bitte die Pragmatiker, folgende Frage zu bedenken: Wie soll angesichts des Strebens, durch eine Reihe unbezweifelbar vorherrschender Ausbauverfahren vorhersagbare Resultate zu erzielen, eigentlich noch Raum für das Eigenwillige, Kantige, Evokative bleiben, für den althergebrachten Sortenreichtum der Weinwelt? Oder stört es gar niemanden, wenn solche Tropfen verschwinden? Wenn es nicht das ist, was die (Wein-)Welt möchte, wie können wir es verhindern? Ich bin nicht per se gegen »moderne« Methoden, von denen viele harmlos sind. Einige laufen zwar auf eine regelrechte Fälschung des Weins hinaus, doch will ich mich an dieser Stelle darüber nicht ereifern – manche Leute finden es ja auch in Ordnung, wenn Athleten Steroide nehmen. Ich bitte die Pragmatiker aber, die Konsequenzen ihrer Überzeugung zu bedenken. Es ist gewiss wahr, dass heute guter Wein aus vielen Regionen kommt, die vor 20 Jahren unbekannt oder gar nicht vorhanden waren. Das bedeutet allerdings meinem Gaumen sehr wenig, denn viele dieser vergorenen Rebsäfte gehören zu einem internationalen Konglomerat von Weinen aus heißen Klimaten, von denen einer wie der andere ist. So gibt es nun noch weitere Quellen für die gleiche Art von Weinen, von denen wir ja schon reichlich haben. Ich weiß nicht, warum mich das kümmern sollte.

Viel von dem, was wir aus diesen neuen Anbaugebieten sehen, ist somit kaum mehr als halbwegs attraktiver Wein in einem bereits bekannten Stil. Die Alte Welt brauchte viele Jahrhunderte von Versuch und Irrtum, um zu lernen, welche Sorten und welche Ausbaumethoden am besten das jeweilige Terroir zum Ausdruck bringen. Die Neue Welt übt sich in gewohnter Verwegenheit und erdreistet sich, sich dieses Wissen in den ersten 30 Jahren aneignen zu können. Sie kann es nicht. Es gibt keine Abkürzungen.

In der Kochkunst kommt Überdruss auf, wenn vielfach die gleichen Luxuszutaten in austauschbaren Zubereitungen angeboten werden. Montag ist es Taubenküken mit Foie gras in einer Trüffel-Nage; Dienstag ist es mit Trüffeln gestopftes Taubenküken in Foie-gras-Emulsion; Mittwoch ist es Foie gras mit Trüffelkruste in Taubenküken-Jus, und schließlich wird daraus ein Ringelreihen von Gerichten, die von Hongkong bis New York und von Paris bis Kuala Lumpur ein echtes »Luxus-Dinner-Erlebnis« verheißen. Solche Retortenerlebnisse trennen uns wie eine künstliche Membran von der Welt, wickeln uns in ein trügerisches Glück, verführen unsere Sinne und lassen unsere Seele verhungern. Daran denke ich, wenn ich wieder einen neuen großen Wein probiere, der von Tausenden anderer großer Tropfen ununterscheidbar ist. Sicher, er mag deutlich besser sein als der seltsame kleine Wein, der dort vorher wuchs, aber was heißt das schon? Dass Leute an vielen verschiedenen Orten die Formel herausbekommen und anwenden können? Ich bin mir nicht sicher, warum mich das scheren sollte.

Daher spielt es keine Rolle, dass heute gute Weine von einer größeren Zahl von Orten stammen als je zuvor, wenn die meisten dieser Tropfen nach demselben Muster ausgebaut sind. Ein bloßer Reb- oder Ortsname, den wir noch nicht gehört haben, ist unwesentlich, es sei denn, der Wein bietet einen Geschmack, den wir noch nie gekostet haben. Um diesen zentralen Punkt kreist die Argumentation der Romantiker.

Manchmal lassen wir Romantiker in unserem rechthaberischen Furor aber auch alle Vernunft fahren. Wir müssen einfach zugeben, dass sich die Qualität des Weins insgesamt erhöht hat, und das ist gut so. Wir sollten es begrüßen, aber zugleich darum kämpfen, dass Luft nach oben bleibt. Die höheren Schichten werden nicht durch neue Sphären des Hedonismus gebildet (noch *reifere* Frucht, noch *mehr* Intensität, von allem immerzu nur *mehr*), sondern aus jenen Tropfen, die in einzigartiger Weise groß und bedeutsam sind. Es gibt sehr gute Syrahs und Cabernet Francs aus dem Wallis, aber sie bieten weniger, was unsere Wertschätzung verdient, als die einzigartigen und bemerkenswerten Weine aus den Sorten Humagne Blanche und Amigne, die nirgendwo sonst wachsen und herrlich schmecken.

Welcher andere große Wein reicht an die besten Chenin Blancs von der Loire heran? An die besten Baroli? An die besten Jurançons, die besten Naherieslinge, die besten Grand Cru Chablis, die besten Grüner Veltliner? Letztlich ist es nicht Größe, die wir schützen müssen, sondern Einzigartigkeit. Bewahre das Einmalige; die Größe stellt sich von selbst ein.

Und das geht so. Je mehr Weingenießer Unverwechselbarkeit in ihren Weinen schätzen, desto eher werden deren Produzenten einen Markt für ihre speziellen Tropfen sehen, und wir werden eine Gemeinschaft von Winzern fördern, die großen Wert auf ihre Einzigartigkeit legen. Das heißt nicht, dass all ihre Weine groß sein werden; doch es ist die Grundlage, die Voraussetzung für Größe.

Die Pragmatiker täten gut daran, in Erinnerung zu behalten, welche Risiken ihrer Ästhetik innewohnen. Wir Romantiker dagegen müssen erkennen, dass wir zuweilen das Konzept des Terroir tatsächlich dazu missbraucht haben, schwache oder mangelhafte Weine zu entschuldigen. Dieses Konzept ist kostbar; wir sollten es respektieren und mit Umsicht benutzen. Wir haben uns bisweilen auch einer Form von Puritanismus schuldig gemacht, nach dem Motto:

Wenn er unangenehm schmeckt, muss er ein Verdienst haben.

Die Pragmatiker sollten aber zugeben, dass ihre Form des Genusses nicht die einzige ist. Neben dem Sinnlichen existieren andere Welten. Wein kann Nahrung für den Geist und sogar die Seele sein. Manche verlangt es geradezu danach, und der wahre Hedonist wird von ihnen nicht bedroht.

Ich frage mich, ob wir uns nicht alle hinter dem Wert der Vielfalt vereinen können. Ich würde es mir wünschen, wenn ich auch manchmal verzweifle. Aus meinem Hochhausfenster sehe ich oft Greifvögel, die, besonders im Herbst und Winter, die Aufwinde nutzen, und ich liebe es, ihnen zuzuschauen, wie sie in eleganten Bögen über den Himmel schießen. Aber nie würde mir der Gedanke in den Sinn kommen: Wie schön wäre es, wenn alle Vögel so wären wie die Greifer, die ich so liebe. Was ist mit dem kecken, farbenprächtigen Rotkardinal? Dem versonnenen Reiher? Dem verrückten Specht? Dem zierlichen Finken? Ich möchte in einer Welt von Tausenden verschiedener Weine leben, die sich durch mehr unterscheiden als durch ihre Postleitzahlen, von denen jeder Bruchstücke der unendlichen Vielfalt und Faszination dieser wunderschönen grünen Welt offenbart, auf der wir wandeln.

KAPITEL 6

Von Orten und Reben

Auf den Etiketten alter Moselweinflaschen aus den 60er Jahren und davor findet sich, selbst wenn sie von den besten Weingütern stammen, kaum je das Wort »Riesling«. Auf dem Burgunderwein jener Zeit prangten nicht die Bezeichnungen »Spätburgunder« oder »Chardonnay«, Weine aus Vouvray und Savennières waren nicht mit »Chenin Blanc« beschriftet, auf Barolo war von »Nebbiolo« keine Rede. Die klassische Namensgebung in der Alten Welt nahm auf den Ort Bezug, aus dem ein Wein stammte; die Bezeichnungen der Rebsorten musste man lernen.

Als Weine in Amerika vermarktet wurden, verlieh man ihnen dort zuerst Ortsnamen, auf die sie gar keinen Anspruch erheben konnten. So wurde der Begriff »Chablis« seiner Bedeutung als Gemeinde in Nordfrankreich entkleidet und zu einem falschen Synonym für Weißwein, genau wie mit dem (auch noch falsch geschriebenen) französischen Ortsnamen »Sauterne« süßer Wein bezeichnet wurde. Bis heute gilt dies für »Champagner« als Generalbegriff für Schaumweine. Man stelle sich nur einmal vor, ein Languedoc-Winzer würde einen Tropfen mit dem Namen Napa Valley Cabernet Sauvignon abfüllen und erbosten Kaliforniern, die sich über den Missbrauch ihres Ortnamens beschwerten, sanft erwidern: »Tja, wissen Sie, hier in Frankreich verstehen wir ›Napa Valley‹ als allgemeinen Begriff für jeden unter einer heißen Sonne gereiften Cabernet.«

Später, als sich ehrgeizigere und gewissenhaftere amerikanische Winzer von dem Pöbel abheben wollten, der seine
Weine mit »geborgten« Ortsnamen schmückte, begann die
Ära der Sortenetikettierung. Konsumenten, die mit Weinen
der Neuen Welt aufwuchsen, wurde auf diese Weise die
Botschaft vermittelt: »Die Sorte ist alles.« Doch, ach, damit
entging ihnen etwas Entscheidendes: Burgund ist, von den
Rebensorten abgesehen, die dort wachsen, eine geografische
Realität, wie jeder bemerken wird, der es besucht. Es ist
Burgunder, nicht bloß »Pinot Noir aus Ostfrankreich«. Wer
sich auf die Rebsorte losgelöst vom Kontext konzentriert,
sieht den Wald vor lauter Bäumen nicht.

Beschlagenere Weinhistoriker als ich haben die häufig
Jahrhunderte dauernden Prozesse von Versuch und Irrtum
nachgezeichnet, die schließlich zu einem Verständnis führten, welche besondere Rebsorte an einem bestimmten Ort
die besten Weine erbrachte. Dahinter stand nicht nur der
Wunsch nach dem »bestmöglichen« Tropfen, sondern auch
danach, dem Boden seine Aromen zu entlocken, sozusagen
seine »Stimme« zu vernehmen. Mag man das auch als reine
Lyrik abtun, aber als der Boden von Hand bearbeitet wurde,
waren die Arbeiter ihm näher, waren sich seinem Leben
und ihrer eigenen Rolle bei seiner Gesunderhaltung bewusster. Die beste Rebsorte für eine Region zu finden war ein
bisschen so, wie am Knopf eines Dampfradios zu drehen:
Nach langem Suchen hört man plötzlich einen klaren Ton.
Wenn sich eine Rebsorte zu Hause fühlt, ist ihre Stimme
klar und gibt die Geschichte weiter, die der Boden zu
erzählen hat.

Sobald die Rebsorte gefunden ist, schaut man sich an, wie sie sich in den verschiedenen Lagen der Region ausprägt. Dazu gehört mehr als die Reifung, denn die Sorte wäre überhaupt nicht ausgewählt worden, die Winzer hätten nicht überlebt, wenn sie an diesem Ort nicht reifen könnte. Rebsorte, Boden und Menschen müssen angemessen aufeinander abgestimmt sein. Ich finde die Idee faszinierend, die Michael Pollan in *Die Botanik der Begierde* äußert, dass nicht wir unsere Kulturpflanzen ausgesucht haben, sondern die Pflanzen uns.

Wir kehren immer wieder zum Ort zurück – weil er nicht derselbe wie andere ist und sich manchmal von allen anderen komplett unterscheidet. Wird ein und dieselbe Rebsorte in einer ganzen Region angebaut, wird die Lage zur entscheidenden Variablen. Ich weiß natürlich, dass es bei Rebsorten Klonvarianten gibt – viele kleine abweichende Varianten, in einigen Regionen mehr als in anderen. Wenn wir aber zum Beispiel von der Nahe-Region in Deutschland sprechen, so sind dort im Grunde zwei Rieslingklone im Spiel, die niemand allein am Geschmack auseinanderhalten könnte. Doch unter den Rebstöcken liegen reiche Jagdgründe für die Liebhaber ortsgebundener Eigenheiten, ein geologischer Reichtum mit Bodenqualitäten, die sich alle paar Meter ändern. Wer einen Tag mit dem Verkosten von Naherieslingen verbringt, wird seine liebe Not haben, weiterhin die Idee zu verfechten, dass es entscheidend auf die Rebsorte ankomme; ebenso sehr fällt der Ort ins Gewicht.

Alle Naherieslinge schmecken nach Riesling, und niemand würde in Abrede stellen, dass für die vorherrschenden Bedingungen der Region diese Rebsorte die am besten geeignete ist. Aber mehr noch als der Geschmack von Riesling an sich ist es die erstaunliche Variation der Aromen zwischen benachbarten Lagen, was uns hier fesselt. Eine Lage mag blumig und die benachbarte fruchtiger sein, und ihr gemeinsamer Nachbar wiederum mineralisch, oder es finden sich Variationen von Fruchtigkeit, Blumigkeit und Mineralität an Orten, die nur wenige Meter voneinander entfernt liegen. Es ist fast ein Wunder. Und es ist, da das Grundthema so randvoll mit vielsagenden Unterschieden ist, eine Lust, einzelne Weine zu vergleichen und gegenüberzustellen. Dabei können wir entdecken, was ein außerordentlicher Boden vermag. Die Weine einer großen Lage sind nicht nur reifer; sie sind in jeder Weise ausdrucksvoller, komplexer und schöner. Selbst wenn sie über keine größere Reife verfügen, haben sie etwas Einzigartiges an sich, ein ganz eigenes »Libretto« zur Harmonie der Sorte.

Ich nenne das manchmal den Grand-Cru-Effekt, etwas Tiefgründiges, das sich nicht aus der Frucht herleitet; vielmehr geht diese in ihrer jeweiligen Ausprägung in ein tieferes Ganzes ein. Grand-Cru-Lagen sind die erogenen Zonen der Erde, ein Zusammentreffen von Nervenenden, die bei der Berührung mit Sonnenlicht kribbeln. Das ist der Grund, warum die Rebsorte früher nicht auf dem Etikett stand: Man maß dem Ort ein stärkeres Gewicht bei.

Wenn man mich bittet, unter verschiedenen Rebsorten auszuwählen oder jene zu benennen, die ich für gewöhnlich, gut oder groß halte, bleibe ich nicht beim Geschmack der Weine stehen. Es gibt einige Sorten, deren Weine bedauerlich ähnlich sind, wo immer sie angebaut werden, und einige schmecken an bestimmten Orten wunderbar, an anderen dagegen abstoßend. Ich schätze temperamentvolle

Tropfen. Nehmen wir ein verbreitetes Beispiel: Cabernet Sauvignon. Es ist keine Frage, dass aus dieser Rebsorte große Weine gemacht werden (wenn auch die größten unter ihnen mit anderen Sorten verschnitten sind), aber es steht ebenso wenig infrage, dass sie alle in der gleichen Weise groß sind, ungeachtet des Ortes, an dem sie wachsen. Und ihr natürlicher Stil ist so verführerisch, dass sie – ursprünglich im Bordelais beheimatet – überall angebaut werden, und meistens wird dabei der Ort von der »Sortenvitalität« des Cabernet überlagert. Wenn ein anständiger Verkoster einen Napa Cabernet nicht von einem aus St. Julien unterscheiden kann, hat die Welt etwas zu betrauern, nicht zu feiern.

Chardonnay ist die andere Sorte, bei der sich leicht Ennui einstellt – vielleicht sollten wir ihn in »Chardennui« umbenennen. Unter diesem Etikett wird die Welt mit ganzen Ozeanen verblüffend banaler, »aufgepimpter« Weine überflutet (ein passender Ausdruck für das Aufmotzen mit irrelevanten Aromen, die nur eine hohe Punktzahl einbringen sollen). Chardonnay scheint sich für diese Gaumenzuhälterei feilzubieten, und das ist jammerschade, weil es mindestens einen Ort gibt, an dem er mit tiefer, artikulierter Kraft zu uns spricht: Chablis. Bedenken Sie aber: Chablis wird als »unterbewerteter« Wein angesehen, und zwar, weil er zu teuer und eigenwillig ist, um einen breiten Markt für sich zu gewinnen. Ich frage mich manchmal, ob ein begabter, aber unerfahrener Verkoster, der zum ersten Mal Chablis probiert, überhaupt wissen würde, dass er aus Chardonnay ist. Fraglich auch, ob Chardonnay für den Charakter von Chablis unvermeidlich ist. Man stelle sich vor, Sauvignon Blanc und Aligoté würden von den zweitklassigen Lagen, auf denen sie gegenwärtig angebaut werden, in die ersten oder Grand-Crus-Lagen »befördert«. Und was, wenn Riesling in Chablis angebaut werden würde? Wenn wir aber davon ausgehen, dass eben Chardonnay die Eigenart des Chablis ausmacht, können wir immerhin das Fazit ziehen, dass die Sorte, wenn sie dort angebaut wird, wo sie hingehört, zumindest zur Größe fähig ist. Auch die Champagne kommt einem hier in den Sinn, und einige der glänzendsten und komplexesten Weine, die man zu kosten bekommen kann, sind alte Blanc de Blancs.

Doch was ist nun von der schrulligen Idee zu halten, das Chablis mit Riesling zu bepflanzen? Es kann manchmal schwer sein, die Rebsorte vom Terroir zu trennen, weil das Terroir natürlich durch die Rebe spricht und weil es sehr selten ist, dass große Terroirs mit mehr als einer Rebsorte bestockt werden. Selten, aber nicht ausgeschlossen.

Nehmen wir die österreichische Wachau. Diese Region und das Elsass sind die einzigen Orte, die mir in den Sinn kommen, an denen Grand-Cru-Lagen häufig mit mehr als einer Sorte bepflanzt werden, in diesem Fall Grüner Veltliner zusammen mit Riesling. Ja, es gibt gewisse Standorte (meist flache Weingärten auf Alluvialböden), wo Riesling nicht hingehört, aber Grüner Veltliner zumindest mittelprächtige Einstiegsweine hergibt. Doch viele der Spitzenlagen, wie Kellerberg, Steinertal, Loibenberg und Achleiten, werden mit beiden bepflanzt und bieten so dem Genießer den seltenen Fall von sozusagen »sortenabstrahiertem« Terroir. Und was kommt dabei heraus?

Es stellt sich heraus, dass diese Bestlagen einen so ausgeprägten Charakter haben, dass sie die Sortenaromen überlagern – nicht unterdrücken, sondern ihnen ihren angemessenen Stellenwert zuweisen. Ich verkoste Steinertal und

Loibenberg jedes Jahr von beiden Sorten, ausgebaut vom engelsgleichen Leo Alzinger. Und glauben Sie mir, Steinertal ist immer er selbst, »grün«, unbändig pflanzlich, durchdringend limettig, eine Aromatik, von der in diesem Glas Riesling, im nächsten Veltliner kündet. Das Gleiche gilt für den rauchigen Loibenberg mit seinen tropischen Aromen. Das nötigt uns einige jener hübschen, nicht zu beantwortenden Fragen auf, die den Wein zu so einer vergnüglichen Sache machen. Wenn es den Riesling nicht gäbe, würden wir dann die Veltliner kosten und denken: Dies ist die perfekte Rebsorte für diese Böden? Wie könnte irgendetwas besser sein? Was haben die beiden Sorten gemein, dass sie das Terroir so präzise übermitteln? Ist es ihrem tiefen Wurzelwerk und ihrer späten Reifung zu verdanken? Können wir es wissen? Noch kurioser ist, dass Riesling in der Wachau bis zur Einführung der Tropfbewässerung eher selten war. Die trockenen Terrassen wurden vorher mit Neuburger bestockt. Aber als die Bewässerung den Riesling wachsen ließ, gedieh dieser prächtig, und das Land fand die nobelste seiner Stimmen.

Meine Lieblingsreben sind jene, die so eng mit dem Boden verwoben sind, dass sie nicht ohne ihn auszukommen scheinen, so wie ein Pullover verschwindet, wenn man seinen Faden aufriffelt. Aber wenn ich mich unbedingt für eine Rebsorte entscheiden sollte, wäre es überhaupt keine Frage, welche die für mich in jeder Hinsicht größte ist: Riesling.

Wenn es irgendein Problem mit Riesling gibt, dann dieses, dass er dich für alles andere verdirbt. »Es gibt Zeiten«, sagte Hans Altmann vom Weingut Jamek in der Wachau einmal, »da glaube ich, dass bei mir jeder Schluck Wein, der kein Riesling ist, verschwendet ist.« Riesling ist so digital präzise, so wunderbar artikuliert, so pixelstark und pointillistisch im Detail, dass andere Weine im Vergleich beinahe stumm wirken.

Wenn Riesling angebaut wird, wo er hingehört, kommen seine Weine schon beinahe vollkommen aus dem Boden. Sie sträuben sich gegen die Manipulationen ausgefuchster »Weinmacher«, die darauf brennen, die fetten Stücke aus ihrem Keller vorzuzeigen. Riesling widersteht der Face-Lift-Enthaarungs-Bauchstraffungs-Brustimplantat-Schule der Vinifizierung. Er tut mehr, als nur das Terroir einzubeziehen: Er bringt seinen eigenen Charakter als Frucht in den größeren Zusammenhang des Bodens und des Ortes ein. Riesling ist mit dem Boden vertrauter als jede andere Rebsorte, vielleicht, weil er so spät im Herbst reift und daher länger am Rebstock sitzt als andere und weil er auf kargen Böden steht, mit tiefen Schichten von Verwitterungsgestein, in das er seine Wurzeln schlägt. Riesling wird von allen, die ihn pflanzen, geliebt, weil er so kooperativ ist – das genaue Gegenteil einer Diva. Er gibt sich nur den allerstrengsten Frösten geschlagen, leistet Krankheiten wacker Widerstand und ist ertragreich, ohne Geschmack einzubüßen – was womöglich ebenfalls der späten Reifung im Herbst geschuldet ist, wenn alles so straff, frisch und golden ist. Rieslingweine sind das Nachglühen einer zufriedenen Welt.

Riesling blüht in jeder Spielart auf: Seine trockenen Weine können sehr fokussiert und ausdrucksvoll, seine Halbtrockenen noch anhaltender und eleganter im Aroma sein, seine Beinahe-Süßen sind die Apotheose von Fruchtigkeit und Mineralität, und seine wahrhaft Süßen sind einzigartig pikant.

Sie sind auch die besten Begleiter einer guten Mahlzeit. Wenn Sie, mit dem heutigen Tag angefangen, schwören würden, nichts anderes als Riesling zu trinken und nur die Speisen zu verzehren, die zu ihm passen, müsste sich Ihr Speiseplan kaum ändern, es sei denn, er besteht nur aus rotem Fleisch ohne Soße und mit Parmesan überbackener Aubergine. Sie würden ferner den Wein für alle möglichen Gerichte gefunden haben, für die es »schwierig« erschien, einen guten Tropfen als Begleiter zu finden. Rieslingwein mag der komplexeste der Welt sein, aber er ist nie auftrumpfend; er ist ein Teamspieler, der da ist, um Speisen geschmacklich zu heben. Riesling ist nicht schüchtern oder spröde, er ist bescheiden und taktvoll, aber wenn wir ihm Aufmerksamkeit schenken, werden wir entdecken, wie tief seine stillen Wasser sind. Das hat doch eine besondere Ironie, nicht war? Die Rebe, die am meisten zu sagen hat, ist eben jene, die mit sachter Stimme daherkommt.

Riesling liefert zwei Dinge, die sich Weintrinker oft wünschen: Säure und geringen Alkoholgehalt. Säure ist der Beere eigen, und gerade sie ist es, die bei Tisch den größten Zauber bewirkt. Ein niedriger Alkoholgehalt freut Genießer, die noch nicht in den Seilen liegen möchten, wenn der Hauptgang kommt. Riesling braucht eine gewisse Reife, doch sobald sie erreicht ist, benötigt er nichts weiter. Dabei muss er seinen Wert nicht durch Reife als solcher unter Beweis stellen, noch müssen wir auf Aromatik verzichten, während wir seine schiere Süffigkeit goutieren. Es gibt keinen Wein auf der Erde mit mehr Geschmack als einen kribbelnden kleinen Mosel Kabinett mit seinen acht Prozent Alkohol.

Die Alterungsfähigkeit des Rieslings ist legendär. Keine

andere Rebsorte macht mit der Zeit eine ähnliche Metamorphose durch. Ein großer alter Riesling lässt nur noch so eben erahnen, wie der junge geschmeckt haben muss. Wenn Sie einen Schmetterling sehen, ohne zu wissen, woher er kam, würden Sie erraten, dass er vorher eine Raupe war?

Auch der Riesling reagiert empfindsam darauf, wo er angebaut wird. Zu Hause ist er im Rheinland (Deutschland und Elsass) und in Österreich, und es mehren sich die Anzeichen, dass er in bestimmten Teilen Australiens heimisch werden könnte. Die Zeit wird es erweisen. Er schmollt nicht, wenn er in »ausländische« Erde gepflanzt wird; er verstummt einfach und ergibt einen schlichten Wein, der übersättigt, wenn er zu reif oder zu süß ist. Riesling ist aristokratisch, doch er ist auch bodenständig, übersetzt er doch einen Text, der im Boden geschrieben wurde. Seine tiefe Bescheidenheit spiegelt sich in den Menschen, die ihn anbauen, lieben und sich an im erfreuen.

Ähnliches wird oft von Spätburgunder behauptet, und Leute, die Riesling mögen, sind fast immer auch Freunde des Pinot Noir. Genau wie ich. Allerdings wirft die Komplexität seiner Ausbaumethoden einen Schatten auf den Spätburgunder. Dagegen ist Riesling einfach. Im Keller ist bei ihm weniger mehr, und entsprechend wird er behandelt. Man kann den Most auf verschiedene Weise klären, auch wenn die besten Winzer es einfach der Schwerkraft überlassen, statt auf Zentrifugen, Filter und Separatoren zu setzen. Man kann ihn mahlen und pressen, wenn man einen fleischigeren Wein möchte, oder man kann sich für eine Ganztraubenpressung entscheiden, wenn man einen hauchzarten, kristallinen Wein bevorzugt. Er lässt sich natürlich vergären, mit Naturhefe, oder mit Reinzuchthefen, und nur die allerbesten Sommeliers können beides auseinanderhalten. Man kann ihn in Stahlfässern gären lassen, wenn man ein Höchstmaß an primären Frucht- und mineralischen Aromen erhalten möchte, oder in neutralen Holzfässern, wenn weinigere Tertiäraromen stärker betont werden sollen.

Die Frage der Mineralität gehört fest zum Riesling, weil diese Sorte ihrem Wesen nach stärker mineralisch als fruchtig ist. Das Genre des Rieslings kennzeichnet Mineralität, durchwoben mit verschiedenen Fruchtaromen, abhängig von der Lage und dem Jahrgang. Das Thema der Mineralität gibt immer wieder einmal Anlass für (manchmal bewusste) Verzerrungen und Scheindebatten.

Wir wissen nicht, ob das Aroma, das wir mineralisch nennen, tatsächlich aus gelösten Mineralien im Wein stammt. Ich persönlich halte das eher für unwahrscheinlich, bin in dieser Frage aber eigentlich Agnostiker, weil die Wahrheit (noch?) nicht erwiesen ist. Doch *etwas* gibt es da, das diesen bestimmten, fasslichen Geschmack hervorruft, auch wenn wir nicht wissen, was und wie. Unterschiedliche Verkostertypen mit verschiedenen Temperamenten belegen das Phänomen mit allen möglichen Ausdrücken, zum Beispiel sprechen sie davon, ein Tropfen weise die »Mineralik zerstoßener« oder »feuchter Steine« auf. Ich habe einmal von einem Anfänger gehört, Champagner schmecke, als würde man »eine Austernschale lecken«, was beinahe wörtlich stimmt: Kalk ist in erster Linie nichts anderes als verdichtete Schalen von Muscheln und fossilen Kleinstlebewesen, und Champagner wächst auf kalkhaltigen Böden.

Aus meiner Sicht liefert Mineralität die vielleicht edelsten Aromen, weil sie metaphorisch ist, und Metaphern wirken auf die Vorstellungskraft. Fruchtigkeit ist andererseits eine Frage schlichter Identifizierung – etwas schmeckt nach Apfel, Birne, Pfirsich, Melone usw. –, und sobald man sie einmal bestimmt hat, denkt man nicht weiter darüber nach. Mineralität ist im Gegensatz dazu suggestiv, ja mysteriös. Wir wissen nicht, was sie ist oder wie sie dorthin kam. Wir werden wachsam für den Zauber des Unbekannten.

Ich trinke nicht ständig Riesling, auch wenn ich nichts dagegen hätte. Dennoch gibt es Anlässe, die nach etwas Heidnischerem verlangen, und das ist der Zeitpunkt, an dem ich mir meinen sündigsten Weingenuss gönne: Scheurebe.

Scheurebe ist Riesling kurz nach der Lektüre des Kamasutra. Anders gesagt, sie ist wie Riesling, wenn dieser ein Transvestit wäre. Wo der Riesling alles Edle und Gute ausdrückt, bietet die Scheurebe alles, was schmutzig ist und Spaß macht. Sie ist der verruchte, geile Zwilling des Rieslings.

Die Sorte entstand aus einer Kreuzung von Riesling und einer heute in Vergessenheit geratenen Wildrebe, die 1916 dem Botaniker Georg Scheu in Alzey gelang. Das Erbe ihres berühmten Rebahns wird übertüncht von einer nachgerade sündigen Soße. Mit Scheurebe wird gewöhnlich Pink Grapefruit, Salbei, Schwarze Johannisbeere und Holunderblüte assoziiert (wenn sie nicht reif genug ist, denkt man allerdings wohl eher an Katzenpisse). Doch die Scheurebe verfügt über unerklärliche magische Tricks. So schnalzend sie daherkommen mag, kann sie doch eine bemerkenswerte Klasse und Eleganz an den Tag legen, und sie lässt sich zu Speisen reichen, für die ein Riesling womöglich ein bissen zu zart wäre. Jedes Restaurant, das asiatische Fusionsküche

anbietet, sollte 15 Scheureben auf der Karte haben. Sie gibt
einen ausgezeichneten Trockenen ab (sie muss dafür reif
genug sein, sonst kann sie bitter wirken), einen wunderbaren Halbtrockenen und einen unglaublich aufregenden
süßlichen Wein, bei dem Erdig-Würzig-Blumiges den Gaumen von der Süße fortzuziehen scheint.

Die Geschmäcker sind natürlich unterschiedlich, und
was mir als knisternd und eindringlich erscheint, mag Ihnen
schrill und vulgär vorkommen, aber wer die Scheurebe liebt,
wird ihr geradezu hörig. Sie hat wenig von der spirituellen
Tiefe des Rieslings, aber dafür hat der Riesling auch nicht
ihre erotische Kraft. Wir brauchen beides für einen ausgewogenen Weingenuss. Doch so anzüglich und schwitzig
sich unsere Scheurebe auch räkeln mag, ihr Wesen schließt
nicht eine gewisse Haltung aus, eine bestimmte Statur,
einen gewissen ... darf ich sagen: aristokratischen Gestus?
Die Scheurebe kann aufdringlich kokett sein, aber sie ist
weit davon entfernt, »gemein« (im Sinne von gewöhnlich)
zu sein, und ich bezweifle, dass ihr in der Welt des Weins
irgendetwas vergleichbar ist.

Die Scheurebe hält sich, sie wandelt sich aber nicht mit
dem Alter, wie es der Riesling tut. Sie ist für manche Böden
mehr zu haben als für andere, aber sie ist nicht so wähle-
risch wie der Riesling. Tatsächlich schätzt sie Bedingungen,
die denen des Rieslings ähneln, was wahrscheinlich der
Grund ist, warum es nicht mehr davon gibt. Vor die Wahl
gestellt, würden die meisten Winzer Riesling anpflanzen,
der ein breiteres Publikum hat und höhere Preise erzielt.
Die Scheurebe ist beinahe nie mineralisch, doch wenn
Spitzenlagen mit ihr bestockt werden, kann sie ihre Extra-
vaganz zügeln und eine eigene Komplexität bieten. Sie

bringt genug Spaß, um für einen Weinfreak zum sündigen Geheimnis werden zu können, und ist dabei fein genug, um nicht seine Intelligenz zu beleidigen. Dennoch, es muss gesagt werden, dass die Scheurebe sich *selbst* stärker ausdrückt als den Ort, und das ist der Grund, warum sie zwar sehr gut sein kann, aber beinahe nie Größe erreicht.

Die größten Reben sind diejenigen, die dich forttragen, und unter diesen findet sich der einzigartige und eindringliche Chenin Blanc. Als reichlich zimperlicher Geselle scheint Chenin Blanc sein Bestes nur in einem kleinen Filetstück Frankreichs entlang der Loire und ihren Zuflüssen zu geben.

Wenn Riesling ein brillanter Wein ist, dann ist Chenin leuchtender; sein Licht ist weicher, gestreuter. Wo Riesling kräftig und schwungvoll daherkommt, da gibt sich Chenin vornehmer. Er reflektiert das liebliche Licht seiner Anbauregion, wo das klassischste und vollkommenste Französisch gesprochen wird, und in der Stimme feinen Chenins findet sich eine entsprechende Perfektion. Andernorts muss er Größe erst noch zeigen, und selbst entlang der Loire gibt es nicht so viele wahrhaft große Tropfen aus dieser Sorte. Doch wenn Sie einen finden, weitet er Ihre Seele, wie es nur wenige andere Weine vermögen.

Gewöhnlich wird er mit Quitte, Rosenwasser und Lanolin verglichen, und ich spüre oft den Geruch einer ausgeblasenen Kerze. (Ich erinnere mich an einen 82er Coulée de Serrant, der wie eine ganze Kirche voller ausgeblasener Kerzen roch, und erwartete beinahe, dass gleich eine Prozession von Mönchen durch das Wohnzimmer ziehen würde.) Chenin ist auch ertragreicher als Riesling, aber man kann ihn nicht weich nennen. Alles an ihm ist anspielungsreich.

Nebbiolo aus Piemont, der ein ähnliches Erlebnis bietet, kommt mir da in den Sinn. Wenn der Chenin mit seiner durchscheinenden, rauchigen Stimme vom Licht der Loire singt, so stimmt der Nebbiolo das Lied des Nebels an, nach dem er benannt ist, und der Erde mitsamt der dunklen Blumen, die er bedeckt. Trüffel, Veilchen, Leder, aber nichts davon aufdringlich, sondern alles im murmelnden Bann der Schönheit. Großer Barolo und Barbaresco, der höchste Ausdruck des Nebbiolo, sind vollkommen unergründlich und wunderbar geheimnisvoll. Natürlich werden viele seiner Weine modern ausgebaut, insbesondere, um ihre Aromatik noch mehr zur Geltung zu bringen und sie noch fasslicher zu machen, doch einige nach alter Sitte hergestellte Tropfen veranstalten auf deinem Gaumen eine spiritistische Sitzung.

Tatsächlich finde ich, wenn ich an Chenin und Nebbiolo im selben Atemzug denke, beide verwandt, oder vielleicht sind sie Königin und König eines außerordentlichen Schattenkönigreichs von Geistern, deren Träume sie dir zu hören erlauben. Ein alter Barolo oder ein alter Vouvray oder Savennières ist eine Einladung, die in der Welt der Aromatik ihresgleichen sucht. Diese Weine bringen einen zur Quelle, zum eigenen Urquell. Ich hatte häufig das Gefühl, dass sie die Membran wegschmelzen, die mich von der Welt trennt. Das kann beunruhigend sein.

Solche Weine sind nicht leicht zu finden. Wir trinken sie nur wenige Male in unserem Leben. Doch wir vergessen sie nie, genauso wenig wie die Orte, an die sie uns führen. Vor

ein paar Wochen aß ich mit meiner Frau in den österreichischen Alpen zu Abend, in einem Lokal, dessen Koch
sich für seine Speisen bei den Wildkräutern der Region
bediente. Wir hatten zwei verblüffend brillante trockene
Rieslinge, die brummten und knisterten wie Neon, und
dann tranken wir einen 93er Barolo von Bruno Giacosa aus
dem Piemont, kein großer, aber ein ausgereifter Jahrgang.
Von der taumelnden, kichernden Klarheit jener Rieslinge
zu den warmen, murmelnden Tiefen des Barolo überzu-
gehen, war in einer Weise bewegend, dass mir die Worte
fehlen.

Ich tat etwas, was ich selten tue: Ich trank mir an jenem
Abend einen kleinen Rausch an, für den ich, obwohl ich es
besser wusste, die dünne Höhenluft verantwortlich machte.
Aber ich wollte auch nicht einen Tropfen dieses Barolos
vergeuden. Er löste in mir jene erlesene Art der Melancho-
lie aus, die man Weltschmerz nennt.

Ich halte inne, bevor ich etwas über Spätburgunder oder
Pinot Noir schreibe, wie sein französischer Name lautet,
und glaube auch nicht, dass ich viel darüber zu sagen habe.
Einige haben ihn den »roten Riesling« genannt, was Sinn
ergibt. Burgunder, der mehr umfasst als nur Spätburgunder, ist ein herzergreifend schönes und frustrierend unre-
gelmäßiges Wesen. Er ist schwierig zu kultivieren und insgesamt pingelig. Welcher vernünftige Weintrinker liebt
ihn nicht? Burgunder ist befriedigend und lebensbeja-
hend. Ich könnte nicht ohne ihn leben, ich verehre ihn
jung und liebe ihn alt, und wenn mich der Erfolg einmal
über die Maßen verwöhnen sollte, werde ich ihn mir öfter
leisten.

Ich bitte um Vergebung, dass ich beim Spätburgunder so kurz angebunden bin. Er ist wundervoll, er ist charmant und doch urig, geschliffen und doch erdig, kompliziert und doch geradlinig, und irgendwie ist er im besten Fall sowohl sinnlich wie mystisch. Großer Burgunder scheint sich direkt in deine Eingeweide zu krallen, doch sein Ruf ist engelsgleich. Wir sprechen von Cabernet, wie man über Sport redet, aber wir reden über Pinot Noir, als sprächen wir von Religion. Wenn ich alle großen Burgunder trinken könnte, die ich je begehrte, und dafür für den Rest meines Lebens auf Cabernet verzichten müsste, würde ich Letzteren zwar vermissen, aber ich wäre dazu bereit. Das Umgekehrte gilt indessen nicht.

Und dann ist da mein geliebter Muskatwein. Unter allen Weinen, die ich kenne, ist guter trockener (oder nahezu trockener) Muskat der liebenswerteste. Mir ist klar, dass Liebe subjektiv und unergründlich ist, und dass Sie ihn vielleicht nicht so lieben wie ich oder womöglich überhaupt nicht ausstehen können. Das könnte ich zwar nicht verstehen, doch ich würde es schulterzuckend akzeptieren. Selbst wenn ich weiß, dass meine heftige Verknalltheit in Muskat etwas ganz Persönliches ist, sollte man, wie ich finde, eine Lanze für diese Sorte brechen.

Muskat kann uns in eine nahezu ursprüngliche Unschuld der Sinne zurückversetzen. Ich beobachtete einmal einen jungen Vater, der seinen kleinen Jungen in einem Kinderwagen schob. Er pflückte eine Löwenzahnblüte und reichte sie seinem Kind, das erstarrte und, ganz von Entzücken verklärt, vor lauter Glück über diese gewöhnliche kleine Blume nur so strahlte. Es bedarf keiner großen Beobachtungsgabe, um zu bemerken, dass wir diese Qualität mit dem Älterwerden verlieren, so wie es keiner besonderen Seele bedarf, um es zu vermissen. Aber wir müssen uns nicht kleinlaut geschlagen geben. Muskat kann uns dieses Gefühl zurückbringen.

Wenn ich guten Muskatwein trinke, kommt es mir vor, als würde in mir eine tief eingegrabene Erinnerung daran wachgerufen, wie unerhört wunderbar etwas schmecken kann.

Sie müssen aber aufpassen, nicht alle Muskatweine ähneln sich. Im Elsass kann er ein Verschnitt von sogenanntem Gelben Muskateller sein (französisch Muscat blanc à petits grains oder kleinbeeriger Muskat) und Muskat-Ottonel, einer aufgrund ihres blasseren Buketts und ihrer weicheren Struktur geringerwertigen Sorte. Gelber Muskateller ist ein absolut zickiges Gewächs, das schwer anzubauen ist, sodass man von einem gewissen Maß an utopischem Fanatismus unter jenen ausgehen kann, die sich an die Herausforderungen seiner späten Reifung und unsicheren Erträge heranwagen. Man findet zu 100 Prozent aus Gelbem Muskateller bestehende Weine in Deutschland und Österreich, Tropfen, die dich vor Glück schier schweben lassen können.

Die letzte unter meinen Lieblingssorten ist natürlich der Grüne Veltliner aus Österreich. Warum »natürlich«? Weil er aufgrund sowohl seiner Aromatik als auch seiner Nützlichkeit eine ungeheuer wichtige Sorte ist.

Sie erinnern sich vielleicht an mein überschwängliches Lob für die prachtvollen trockenen Rieslinge aus Österreich. Sie sind die feinsten Weine des Landes. Und doch

trinke ich auf eine Flasche österreichischen Riesling drei
Grüne Veltlinger. Grüner Veltliner ist bei Tisch der bei
weitem flexibelste trockene Weißwein der Welt. Eines
Tages wird ein eigenwilliger Sommelier nur Grünen Veltliner als trockenen Weißwein auf seine Karte setzen, und
was die Speisen anbelangt, würden wohl nur wenige die
Abwesenheit anderer Auswahlmöglichkeiten vermissen (es
sei denn, die Küche ist eklektisch und benötigt Weißweine
mit Restzucker). Grüner Veltliner ist ungemein facettenreich und reicht von leichten Weinen, die man wie Quell-
wasser hinuntergluckern kann, über mittelschwere Tropfen,
die sich nur andeutungsweise als Speisebegleiter empfeh-
len, bis hin zu großen, nachhallenden Weinen, die sich mit
ihrer Tiefgründigkeit als Begleiter »wichtiger« Mahlzeiten
anbieten.

Aber lässt sich nicht dasselbe über trockenen Riesling
behaupten? Behaupten vielleicht, aber schwerlich verteidi-
gen. Trockener Riesling gehört zu den flexibleren Weiß-
weinen der Welt, doch Grüner Veltliner überrundet ihn
mit einem fülligeren Körper, einer geräumigeren Struktur
und einer besonderen Reihe von Aromen, die mit Speisen
harmonieren, bei denen sich Riesling verbietet. Wenn der
Grüne Veltliner ein Italiener statt eines Österreichers wäre,
hieße er Valtellina Verde, und die Weinwelt wäre aus dem
Häuschen. Endlich ein wahrhaft großer italienischer Rebsaft!, würden die Leute ausrufen. Seine Karaffenweine würden im Freien geschlürft werden, während man seine ernsthaften Tropfen bei großen Gelegenheiten kredenzte. Wir
würden auch darüber jubilieren, wie gut er mit gepfeffer-
ten, schwierigen Salaten mit Rucola oder Mizuna-Rübstiel
zusammengeht, ganz zu schweigen von allen möglichen

Gemüsesorten, die sich mit Wein gewöhnlich heftig bei-
ßen: Artischocken, Spargel, Avocado und alle, die im Haus
stänkern, wenn sie gekocht werden, wie Brokkoli, Blumen-
oder Rosenkohl.

Grüner Veltliner scheint eine rein österreichische Beson-
derheit zu sein. Er hat den Geist und die Unbekümmert-
heit Wiens, gepaart mit einer ländlichen Robustheit und
Muskulösität. Er ist barock in einer Weise, wie es die Kir-
chen sind. Aber seine Gewächse sind körperreicher als die
mystischeren deutschen Weine. Selbst gereifter Grüner
Veltliner (und die Sorte altert bedächtig und über viele
Jahre) ist zwar berauschend komplex, aber immer noch
mehr Speise als Äther.

Grüner Veltliner hat je nach dem Boden, auf dem er
wächst, zwei Gruppen von Aromen, wenn es zwischen
beiden auch Überlappungen gibt. Auf Lößboden (ein eis-
zeitlich abgelagertes, überaus mineralreiches Schluffsedi-
ment) geht er in eine »weiche«, linsenhafte Richtung. Es
wird von Hülsenfrüchten, Sauerampfer, Wiesenblumen,
Mimose und Oleander, Rhabarber, Grünen Bohnen und,
wenn man Fantasie hat, Moos, Heide und Süßgras gesprochen. Auf den vulkanischen und metamorphen Böden
aus verwittertem Urgestein ist es eine andere Geschichte.
Hier ist Pfeffer der archetypische Deskriptor, zusammen
mit pfeffrigem Gemüse wie Chinakohl und Kresse. Es gibt,
wenn er reif ist, Anwandlungen von Buchsbaum, Tabakblät-
tern, Erdbeere und eine so dichte und gebündelte Mineralität, dass man an Eisenerz denkt.

Grüner Veltliner ist wie ein ausgedachter Abkömmling
von Sauvignon Blanc und Viognier, mit Papas grünen, kie-
selerdigen, pflanzlichen Aromen und Mamas Blumigkeit.

Dennoch ist er nicht ganz eine Mischung aus beiden. Er ist sein eigenes störrisches Selbst, und wenn er Ihnen einmal begegnet, können Sie sich vielleicht ein Leben ohne ihn nicht mehr vorstellen.

KAPITEL 7

Winzerleben

Als Händler vertrete ich ein Portefeuille von Weingütern, deren Weine ich aussuche, repräsentiere und verkaufe. Meine Auswahl beruht allein darauf, was mir gefällt, ich habe nie einen Markt dabei im Hinterkopf. Das Portefeuille spiegelt meine Vorlieben, verrät zum Teil, wofür ich eine Schwäche habe, aber es verdankt sich auch einem schlichten Pragmatismus, denn ich bin kein so guter Kaufmann, um etwas an die Frau oder den Mann zu bringen, woran ich selbst nicht glaube. Meine Loyalität gilt den Winzern ebenso wie den Kunden.

Mit den Jahren haben sich dabei einige Grundüberzeugungen herausgeschält, von denen dieses Buch handelt. Manchmal, wenn ich an die prosaischen Aspekte meiner Arbeit denke, überkommt mich indes fast eine gewisse Scham und das Gefühl, dass ich hier und da für die Menschen, mit denen ich zu tun habe, noch mehr hätte tun können.

Immerhin konnte ich ein paar von ihnen mit meiner Arbeit nützlich sein. Darunter finden sich Winzer, deren zuvor völlig unbekannte Weine mittlerweile weltweit zu einem Begriff geworden sind. In einem Fall hatte ich sogar das Glück, einem kleinen Weingut zu Wohlstand verhelfen zu können. Seine beiden Winzer hatten ihre gesamte Produktion en gros verkauft, bis ich zahlreiche Abfüllungen bei ihnen in Auftrag gab, Tropfen, die es sonst nicht gegeben hätte.

Es ist schön, auf meinen Verkostungsreisen so viele interessante Menschen kennen lernen zu dürfen. Darunter ist zum Beispiel ein Winzer in Deutschland, ein praktizierender Buddhist, der, wann immer er von seinen Weinbergen, Rebstöcken und Weinen erzählt, von nichts anderem spricht als von ihren »Energiefeldern« und wie seine Arbeit diese Kräfte entweder blockiert oder freisetzt. Ohne selbst Buddhist zu sein, bin ich ungeheuer fasziniert von der Praxis des umsichtigen Weinbaus und der leidenschaftlichen Sorge, die solche Winzer ihrem Boden und ihren Reben angedeihen lassen.

Gerne würde ich mit diesem Mann einen Tag im Weinberg verbringen, die Rebstöcke abschreiten, die Käfer und Vögel benennen, mir die Hände schmutzig machen und ihm gelegentlich eine Frage stellen, um mehr über seine Herangehensweise herauszufinden. Leider ist die Zeit dafür stets zu knapp. Ich besuche bei jedem Aufenthalt noch 69 weitere Winzer und kann nicht sechs Monate in Europa verbringen, schließlich will der Wein ja hinterher auch noch verkauft werden …

Es ist zuweilen schmerzlich, von einer Verabredung zur nächsten eilen zu müssen. Ich frage mich, ob ich diesem Winzer und den anderen, die ich vertrete, genug Aufmerksamkeit schenke und genug zurückgebe. Ich würde ihnen gerne noch stärker zum Ausdruck bringen, wie sehr ich sie und ihre Arbeit schätze.

Was kann ich eigentlich über ihre Erfahrung sagen?

Winzer sind natürlich so unterschiedlich wie die Menschen in jedem anderen Berufszweig. Mit den Jahren sind mir aber doch ein paar Gemeinsamkeiten aufgefallen. Eine davon ist diese: So wunderbar auch das Ergebnis, die eigentliche Arbeit ist schweißtreibend. Ich glaube, Winzer überall betrachten uns Ästheten mit ein wenig Spott. Auf jeden von uns, der eine bukolische Fantasie der Weinlese hätschelt, kommt ein Weinbergarbeiter, dessen Hände von Wespen zerstochen sind. So ist die Bruderschaft der Winzer in einer Erfahrung vereint, die uns anderen abgeht. Man hört es, wenn sie miteinander sprechen. Sie verweilen selten bei ästhetischen Dingen; sie reden über ihr Tagewerk, die tausenderlei trivialen Details ihrer Arbeit.

Dieser Beruf zieht gemeinhin keine Leute an, die gern über ihre Gedanken und Gefühle schreiben. Die meisten Winzer, die ich kenne, sind eher Bauern als Künstler. Ich habe ihnen immer wieder einmal tiefschürfende Fragen geschickt, die sie sich durch den Kopf gehen lassen sollten und nach Belieben beantworten konnten. So plausibel mir dies Ansinnen erschien, grenzte es an Arroganz. Ich habe schließlich herausgefunden, dass vielen Winzern die Beantwortung meiner Fragen »zu sehr nach Schule« schmeckte (wo sich viele von ihnen nicht recht wohl gefühlt hatten). Vor allem aber war ihre knappe Freizeit ihren Familien und der Erholung vorbehalten; die Fragen eines Weinhändlers zu beantworten stand auf ihrer Prioritätenliste verständlicherweise ganz unten.

Zuweilen beschleicht mich das schlechte Gewissen des Städters über meine Entrücktheit von der harten Arbeit des Weinbaus. Vielleicht würde ich als Winzer sogar ein wenig auf Leute wie mich hinabblicken. Daher gebe ich mir Mühe, die Arbeit der Winzer jenseits von Verkostungen und Kundengesprächen zu verstehen und zu würdigen.

Lehm an den Schuhen

Immer wieder erzählen mir Winzer, wie gerne sie das Zwitschern der Vögel hören, wenn sie in den Weinbergen sind. Einmal erstaunte mich ein schroffer Bursche, als er sagte, er zähle die Tage, bis die Nachtigallen kämen. Er schien eher von dem Schlag zu sein, der lieber über Traktoren redet. Menschen überraschen einen doch immer wieder. Man macht sich leicht ein romantisch verklärtes Bild vom Winzerleben. In Formulierungen wie »Menschen des Weins« schwingt der typische Überschwang blauäugiger Autoren mit. »Beerenmalocher« oder »Wespenstichleute« käme der Wahrheit schon näher. Ich habe das letzte Vierteljahrhundert meines Lebens damit verbracht, Geschäfte mit Winzern zu machen, aber anders als einige meiner Kollegen hege ich keinerlei Ambitionen, selbst Wein herzustellen. Ich bin verweichlicht und kümmere mich wirklich lieber um die Vermarktung und die Ästhetik. Ich frage mich manchmal, ob es ein gemeinsames Temperament gibt, das die Menschen, die die Arbeit im Weinbau gewählt haben, verbindet. Was entlohnt sie für ihre Mühsal?

Ich arbeite ausschließlich mit Weingütern in Familienbesitz. Die Kinder, die in diese Winzereien hineingeboren werden, erleben einen sehr starken Zusammenhalt, wie in kleinbäuerlichen Familien üblich. Einige empfinden das als Belastung, manche lässt es gleichgültig, wieder andere fühlen sich von der Arbeit angezogen. Häufig sind die Eltern durchaus bemüht, dem Recht ihrer Kinder auf ein selbstbestimmtes Leben mehr als nur Lippenbekenntnisse zu zollen, und es ist keinesfalls unvermeidbar, dass die Jungen in die

Fußstapfen ihrer Eltern treten. Wenn sie es tun, ist es freilich eine große Erleichterung. Amerikanern mag das ziemlich altertümlich erscheinen, da doch das unumschränkte Recht, seinen eigenen Weg zu gehen, fester Bestandteil ihres nationalen Mythos ist. Der Wunsch nach Selbstbestimmung ist zwar längst auch ins ländliche Leben der Alten Welt eingezogen, aber dennoch wird hier auch noch die Tradition in Ehren gehalten, dass nachkommende Generationen die Familienunternehmen weiterführen. Ein junger Mensch, der in der langen Generationenfolge eines Familienguts steht, das womöglich schon seit Jahrhunderten existiert, braucht schon einen ziemlich zwingenden Grund, um aus dieser Tradition auszuscheren.

Viele der Winzer, mit denen ich zusammenarbeite, haben mittlerweile das Alter erreicht, in dem sie sich zur Ruhe setzen und das Gut an eine Tochter oder einen Sohn weitergeben. Ich bin erstaunt von den Gründen, die diese jungen Leute zur Nachfolge bewegen. Für mich ist es nicht leicht zu verstehen, denn ich hege keine romantischen Vorstellungen über den Weinbau. Das meiste daran ist ziemliche Plackerei. Wer sucht sich freiwillig ein solches Leben aus? Was verschafft den Nachwuchswinzern die größte Befriedigung und Freude?

Ich kenne junge Winzer, von denen wie selbstverständlich erwartet wurde, dass sie den elterlichen Betrieb weiterführen. Doch damit scheinen die meisten überhaupt nicht unglücklich zu sein. Sie zeigen keine Anzeichen von Sehnsucht nach dem, was ihnen dadurch entgangen sein mag. Vielleicht sind sie auch erleichtert darüber, dass ihnen die Feuerprobe erspart geblieben ist, sich ein eigenes Leben aufbauen zu müssen, oder ihnen gefällt einfach das Winzerleben. In Deutschland ermutigt man junge Leute gewöhnlich, früh das Elternhaus zu verlassen und weite Reisen zu unternehmen. Der junge Sebastian Strub aus Nierstein ist ein typisches Beispiel dafür. Er verbrachte ein Semester in Neuseeland, ging nach Japan, um dem dortigen Importeur des Gutes über die Schulter zu schauen, und hängte noch Aufenthalte in Österreich und anderen Orten in Deutschland an. So wird ihm, wenn er zum Gut zurückkehrt und bereit ist, das Heft in die Hand zu nehmen, wohl das Fernweh vergangen sein, und er wird nebenbei einiges dazugelernt haben. Moderne junge Winzer in Deutschland mögen auf dem Land leben, aber sie sind keine Provinzler.

Caroline Diel ging einen anderen Weg. Ihr Familiengut an der Nahe gehört zu den renommiertesten des Landes, und die Fußstapfen ihres Vaters sind gewaltig. Armin Diel ist einer der wichtigsten europäischen Weinjournalisten und ein respekteinflößender Gutsherr. Seine Tochter ist klug, charismatisch, sehr schön und verfügt über gute Beziehungen. Sie hätte im Leben so ziemlich alles machen können. Sie ging in Burgund und einigen österreichischen Gütern in die Lehre und zog mal da-, mal dorthin. Sie reiste nach Neuseeland und arbeitete dort für eine Familienwinzerei. So fern der Heimat hatte sie schließlich ihr Erweckungserlebnis.

»Es war nicht die Arbeit an sich«, erzählte sie mir, »obwohl ich natürlich an Rebzucht und Weinherstellung immer interessiert war. Aber da habe ich dieses junge Paar gesehen. Die beiden haben gemeinsam an etwas gearbeitet, das ihnen gehört, sie haben ihre Vorstellungen umgesetzt und etwas Eigenes aufgebaut. Plötzlich konnte ich es einfach nicht abwarten, wieder heimzureisen. Ich meine, da wartete alles auf mich. Es war meins, wenn ich es wollte.«

Und so kehrte sie in das winzige Dorf Burg Layen zurück und fing an, sich als Gutsfrau zu etablieren. Keine geringe Aufgabe bei einem so dominierenden Vater im Hintergrund. Sie musste ihr eigenes Arrangement mit dem Kellermeister und Weinbergverwalter treffen, den ihr Vater angestellt hatte.

Als ich zwei Jahre später etwas zu früh zu meinem jährlichen Besuch eintraf, plauderte und fachsimpelte ich eine Weile mit Armin Diel, bis seine Tochter Caroline dazukam. Ohne sie konnte die Verkostung nicht beginnen. Einen Augenblick später stapfte sie in den Verkostungsraum: in schweren Stiefeln, rotwangig und schwitzend, denn sie kam gerade aus den Weingärten. Zwischen kleinen Schwätzchen über die Ernte verkosteten wir den neuen Jahrgang, und an einem Punkt fragte ich Caroline, was ihr an ihrer Arbeit am besten gefiele. »Für mich«, antwortete sie ohne Zögern, »ist der beste Teil, die Weinberge kennen zu lernen, weil man es nicht überstürzen darf. Man muss Zeit in ihnen verbringen, um zu sehen, was sie ausmacht.«

Ich erinnere mich, dass der Nahewinzer Helmut Dönnhoff mir einmal etwas Ähnliches sagte. Er hatte ein Grundstück in einer exponierten Lage namens Dellchen erworben, und nach etwa vier Jahren machte die Qualität der dort angepflanzten Weine einen riesigen Schritt nach vorn. Der neue Jahrgang hatte alle Vorgänger übertroffen. Als ich ihn darauf ansprach, stimmte er mir zu. »Liegt es daran, dass die Rebstöcke jetzt älter sind?«, erkundigte ich mich.

»Nein – obwohl sie es sind«, erwiderte er. »Ich bin mir nicht sicher, ob es einen Grund gibt, außer dass ich den

Weinberg besser kennen lerne. Wir sind besser miteinander vertraut.« Bloße Mystik? Dönnhoff ist so ziemlich der nüchternste Mensch, den ich kenne, aber er spricht über diesen Aspekt eines Winzerlebens in aller Ernsthaftigkeit:»Ich hoffe, meine Weine vermitteln eine Geschichte. Andernfalls sind es nur Dinge, Weinflaschen, guter Wein, sicher, aber ich will, dass sie eine Geschichte von einem Mann und seiner Landschaft erzählen.«

So nebulös kommt mir das gar nicht vor. Jeder, der jemals einen Garten bestellt hat, kennt diese Erfahrung. Wir lernen unseren Garten kennen, und er reagiert auf uns, er kommt ja gar nicht darum herum. Vielleicht reagiert er mit üppigem Wachstum, wenn wir geschickte Gärtner sind, oder es sprießt Unkraut und Mehltau befällt die Pflanzen, wenn wir unachtsam oder nachlässig sind – doch auf uns reagieren wird er immer. Ist es zu viel verlangt, sich vorzustellen, dass er in gewisser Weise auf die Hingabe reagiert, mit der wir uns ihm zuwenden?

Natürlich gibt es Temperamentsunterschiede, aber die überwältigende Mehrzahl der Winzer, die ich kenne, würde mir zustimmen, wenn ich behaupte, dass sie am glücklichsten bei ihren Rebstöcken ist. Und die Diels und Dönnhoffs dieser Welt schenken uns durch ihre Mühen etwas Außergewöhnliches. Es ist nicht immer leicht zu wissen, warum oder auf welche Weise ein Tropfen außerordentlich wird – ganz zu schweigen von einer ganzen Gruppe von Weinen, bei der das jahrein, jahraus gelingt. Dass die Winzer ihre Reben lieben, will viel heißen, aber es sagt beileibe noch nicht alles. Wir suchen bei großem Wein nach irgendeiner Erklärung. Doch was ist eigentlich mit gewöhnlichem, *gutem* Wein? Wenn irgendetwas dran ist an der Vorstellung, dass ein Weinberg darauf reagiert, dass man ihn kennt und würdigt, muss dann diese Reaktion eigentlich gleich immer ans Wunderbare grenzen?

Ein Weinhändler wie ich hat stets die Konkurrenz im Blick und auch ein Auge auf die Welt des Weins insgesamt. Meine Rieslinge stehen im Wettbewerb mit denen anderer Anbieter, und Riesling selbst konkurriert gegen andere Rebsorten um die Aufmerksamkeit der Kunden. Konkurrenz schafft Unsicherheit. Wir geben es nicht gerne zu, weil wir Selbstvertrauen verströmen müssen, um Käufer zu finden, aber wir haben immer Angst davor, dass der Wein des anderen uns blass aussehen lässt. Daher sind wir nervös und immer bestrebt, *überirdische* Weine einzukaufen.

Doch es gibt Weine, die diese Logik unterlaufen. Der Winzer Erich Berger aus dem Kremstal, den wir in Kapitel 4 schon kennen gelernt haben, nimmt sich nicht vor, die »besten« oder höchstbewerteten Tropfen zu kreieren; er möchte wohlschmeckende Weine machen. »Das wurde mir von der Familie immer eingetrichtert«, sagte er, »vor allem ehrlich und geradlinig zu sein und bereit, mich weiterzuentwickeln. Deshalb will ich beständig gute Weine machen. Ich möchte, dass meine Kinder Werte erben, wie ich sie als Kind geerbt habe. Mein eigenes Grundprinzip ist, immer im Einklang mit der Natur zu arbeiten und die Signale zu verstehen, die sie mir gibt.« Gewiss, das mag nach den üblichen Floskeln klingen. Aber dahinter erkenne ich ein bedachtsames Leben harter Arbeit im Dienst von Weinen, die ihren Hersteller nicht berühmt machen werden. Er könnte sie mit Macht zwingen, mehr herzumachen. Jeder Winzer weiß, wie das geht, und Bergers Weinberge können »beeindruckende« Weine hervorbringen. Aber er scheint damit zufrieden zu sein, zurückhaltende, reizende, köstliche Tropfen zu schaffen, fast als sei das unauflöslich mit seinen Pflichten als Bürger, Vater und Ehemann verbunden.

»Ich versuche, jedes Jahr in so eine Stimmung zu kommen wie ›Dies ist mein erster Jahrgang‹ oder ›Dies ist mein letzter Jahrgang‹, um so viel Freude und Liebe für die Reben zu schöpfen wie möglich«, berichtete mir Willi Bründlmayer, einer der Großen seines Fachs aus dem niederösterreichischen Kamptal. »Alle Routine vertreiben und die Einzigartigkeit jedes Jahrgangs und jedes Gewächses finden.«

Seine Kollegin Heidi Schröck aus dem burgenländischen Rust drückte es so aus: »Meine Inspiration sind die Reben selbst. Mit ihren Wurzeln sammeln sie die Lebenskraft, die tief aus der Erde kommt. Wenn das Wurzelwerk tiefer und tiefer wächst und Komplexität gewinnt, wird der Wein interessanter und facettenreich. Im Weinberg zu sein hilft mir, die Natur zu verstehen und meine Grenzen zu erfahren.« Bemerkenswert: Der Kern der Weinbauerfahrung scheint etwas zu sein, was dem Blick verborgen bleibt, etwas, was tief aus der Erde quillt.

Manchmal äußert sich ein Winzer ausweichend über seine Inspiration. Wahrscheinlich vermag er sie nicht in Worte zu kleiden. Manchmal ist sie so intim, dass er sie lieber für sich behält. Zuweilen mag er sie auch nicht einmal selbst kennen. Ich nehme nicht an, dass die Inspiration immer gleichartig ist und sich gewissermaßen von den Eltern auf die Kinder überträgt, nach dem Motto: »Ich nehme diese Hefe, weil es Papa auch schon so gemacht hat.«

Als ich Laurent Champs von dem Champagne-Gut Vilmart & Cie. zum ersten Mal besuchte, fielen mir die Buntglasscheiben in der ganzen Winzerei auf. Waren sie eine Art Leitmotiv? »Nein, gar nicht«, klärte mich Champs auf. »Mein Vater arbeitet mit Buntglas. Sie werden ihn kennen lernen, wenn wir zu ihm zum Mittagessen gehen.« Laurents Eltern leben in einem Holzhaus in einem waldigen Tal. Mein Französisch liegt so etwa auf dem Niveau eines mäßig begabten Kindergartenkindes, dessen Hobby Wein ist, aber es gelang mir, mitzuteilen, wie sehr mir die Buntglasfenster gefielen. Ich durfte einen Blick in die Werkstatt werfen. Sie war so chaotisch wie die meisten Werkstätten, ein einziges Wirrwarr, zu dem auch ein Ghettoblaster gehörte. Welche Art von Musik mochte ein Glasermeister wohl hören? Ich warf verstohlen einen Blick auf einen Haufen CDs und erwartete, Arvo Pärt oder Hildegard von Bingen auf dem Label zu erblicken, aber alles, was ich erkannte, war Miles Davis' *Kind of Blue*.

Dieser erste Besuch liegt lange zurück. Zwölf Jahre später fragte ich Laurent, wie es seinem Vater ginge. »Er arbeitet an einem Buch«, erwiderte er. »Das Thema sind die drei orientalischen Religionen aus der Perspektive der Lichtsymbolik, und was Licht in ihnen bedeutet.«

»Ihr Vater ist ein richtiger Mystiker, oder?«

»Oh ja, und wie.«

Champs selbst ist ein kompetenter, schneidiger Typ. Er sieht immer ein wenig so aus wie jemand, der mit poliertem Rollkoffer schnellen Schritts auf dem Weg zu seinem Flieger ist. Ich habe nur wenige Fotos von ihm gesehen, die ihn in Jeans in den Weinbergen zeigen. Doch ab und zu gibt er noch eine ganz andere Seite zu erkennen. »Der 1996er«, sinnierte er einmal, »ist kein Jahrgang des Genusses, sondern des Begehrens.« Mir gefiel die bewusste Zweideutigkeit dieses Satzes. Ich finde es eine kluge Einsicht, das Begehren für tiefgründiger zu halten als den Genuss.

Ich saß mit Laurent im Keller und wunderte mich immer noch über das Buch seines Vaters, eine Untersuchung über die Mystik des Lichts, geschrieben von einem Menschen, der sein Lebtag mit Buntglas gearbeitet hatte, Geschichten, die das Licht erzählt hatte, ein Narrativ des Göttlichen in seinem eigenen Medium. Auch die Tropfen des Sohnes bringen Licht zum Ausdruck, als ob ihre Aromen von einer Jakobsleiter schwingen würden. Ich hatte die Champagner des Weingutes Vilmart immer als unendlich und zugleich zärtlich hell gesehen – verwendet wird überwiegend Chardonnay in einer Gemeinde, wo der Pinot Noir vorherrscht –, und nun fiel mir die Verbindung auf. Vilmarts beste Champagner sind heiter und schön. Sie sind objektiv wunderbar und erstklassig, wie viele Weine, die ich trinke, aber die anderen bewegen mich nicht alle so, wie es Vilmarts Tropfen vermögen.

Immer wieder fällt mir bei meinen Gesprächen mit Winzern auf, dass sie ja in erster Linie Bauern sind. Das vergisst man leicht, wenn man in der Neuen Welt zuhause ist, aber in der Alten – zumindest in den Teilen davon, mit denen ich zu tun habe –, gerät es nie in Vergessenheit. Das Tagwerk der Weinbauern besteht natürlich nicht nur aus Landbau; zur Winzerei gehören auch Verkauf, Marketing, Öffentlichkeitsarbeit, Ingenieurskunst und Handwerk. Wer Karotten anpflanzt, wird schließlich Karotten ernten. Es gibt Methoden, die dafür sorgen, dass es wunderbare Mohrrüben werden, aber sobald sie im Korb des Kunden liegen, ist die Arbeit erledigt. Doch was, wenn es nach der Karottenernte weiterginge und das Gemüse zu Suppen oder

Getränken weiterverarbeitet werden würde, welche dann neben den Karottenprodukten anderer Hersteller zur Bewertung mit Punkten anstünden, um ihre Qualität einzustufen? Ich weiß nicht, wie es Ihnen erginge, aber mich würde das sehr belasten. Kein Wunder, dass Winzer gern draußen im Weinberg sind, wo sie dem Lärm eine Weile entkommen können.

Weinbauern zu kennen lehrt etwas über den Gaumen, weil man sehen kann, wie sie ihre Weine so lenken, dass sie den Vorlieben ihres eigenen Geschmacks entsprechen. Ich bezweifle, dass sich Winzer je im Vorhinein eine *Idee* ihrer Weine zurechtlegen – so in der Art: »Ich möchte einen schroffen, rustikalen Wein mit hohem Alkoholgehalt«. Vielmehr machen sie die Art von Wein, den sie selbst mögen. Später mögen sie ihre Prinzipien darlegen, aber aller geistiger Überbau ist aus ihren spontanen Präferenzen abgeleitet. Wenn sich diese verändern, wandelt sich der Wein. Heidi Schröck fing mit etwas ländlichen Weinen antiken Stils an, sanfte, evokative Tropfen, beeinflusst von den Akazienfässern in ihrem Keller. Später begann sie, kompaktere und fokussiertere Weine zu bevorzugen und sich auf eine von ihr immer mehr geschätzte Brillanz zuzubewegen.

Schröck ist nicht die Einzige, aber sie gehört zu den besseren Verkostern und nachdenklicheren Winzern. Ein verbreiteter Fehler unter Weinliebhabern ist die Annahme, dass alle Winzer das haben, was wir einen guten Gaumen nennen. Viele besitzen ihn, aber nicht alle. Die Deutschen haben ein hübsches Wort dafür: betriebsblind. Das ist die Blindheit (oder der Mangel an Perspektive), die sich einstellt, wenn man zu tief im eigenen Geschäft steckt. Und selbst das ist nicht immer schlecht: Wenn Winzer so durchdrungen von dem Ort und den Reben sind, mit denen sie arbeiten, dass sie in ihnen selbst zu sein scheinen statt von ihnen getrennt, kann dies bei Weinen eine so ausgeprägt ortsverbundene Identität schaffen, dass wir Genießer so etwas wie »Seele« darin erspüren.

Die Merkelbachs

Ich erinnere mich, was Alfred Merkelbach aus Ürzig einmal auf die Frage antwortete, ob er je Urlaub mache. Sigrid Selbach aus dem benachbarten Zeltingen hatte ihm Fotos von der Reise nach Südafrika gezeigt, die sie kurz zuvor unternommen hatte, und er war sichtlich erstaunt. Wo also würde er selbst gerne einmal hinfahren? Er drruckste ein bisschen herum und erwiderte schließlich: »Urlaub? Ich mache eigentlich keinen Urlaub.« –»Wirklich nicht?«, fragte ich. »Bei all den wunderbaren Orten, die es auf der Welt zu sehen gibt?« – »Ach, ich weiß nicht…, wo soll ich denn hin? Wenn ich an einem schönen Sommertag in den Weinbergen bin, mit der Mosel unter mir, da habe ich alles, was ich zum Glück brauche.«

Es ist eine Sache, versuchen zu wollen, Wein in Begriffen von Ursache und Wirkung zu »verstehen«, indem wir auf die Arbeit großartiger und wunderbarer Winzer schauen. Weil die Tropfen herausragend sind, nehmen wir an, dass ihre Herstellungsgeschichte bedeutsam ist. Das stimmt manchmal, aber das kann nie die ganze Wahrheit sein. Das Leben von Rolf und Alfred Merkelbach bietet eine andere Perspektive, um ein ebenso wertvolles Stück der Wahrheit zu entdecken.

Außer ein paar Weingroßhändlern, die ihnen ihre Fässer abnahmen, und einer Handvoll Moselkenner wusste lange Zeit niemand so recht, wer sie waren. Zum Glück war einer dieser Experten ein Freund von mir, der liebenswürdige Willi Schaefer aus Graach, mit dem ich während der zehn Jahre, die ich in Deutschland lebte, Freundschaft geschlossen hatte. Als ich später nach Gütern für mein Portefeuille suchte, nahm ich sofort Fühlung zu ihm auf. Wir freuten uns, wieder in Kontakt zu sein, und Willi fragte mich, mit wem ich denn gerne zusammenarbeiten würde. »Tja, ich hatte gehofft, dass du mir da weiterhelfen könntest«, antwortete ich. »Fällt dir nicht jemand ein, der hervorragenden Wein macht, den niemand kennt?« Er wollte darüber nachdenken. Einen Tag später rief er mich an. »Terry, weil du meine Weine magst, glaube ich, dass du auch bei den Merkelbachs in Ürzig gut aufgehoben wärst.«

Schon war ich auf dem Weg. Ich kündigte mich nicht an und fuhr allein. Ich traf zwei Moselaner mittleren Alters, Alfred und Rolf Merkelbach, die aussahen, als kämen sie von einer Castingagentur, die um zwei Darsteller für urige deutsche Winzer gebeten worden war. Ich glaube, sie hatten nie einen Amerikaner gesehen. Sie waren sehr schüchtern und beantworteten viele Fragen mit einem Kichern. Die beiden sprachen fast wie aus einem Mund. Ihre aktuelle Ernte war zwar beinahe ausverkauft, aber wir einigten uns darauf, dass ich im folgenden Jahr zurückkommen würde, um die neue Ernte aus dem Fass zu kosten, bevor sie veräußert würde.

In den frühen 80er Jahren waren die Merkelbachs gar nichts Besonderes. Sie waren zupackende Kleinwinzer (mit gerade einmal zwei Hektar Land), genau wie Tausende anderer obskurer Weinbauern in den kleinen Dörfern entlang der Mosel. Aber zweierlei war bemerkenswert: Erstens gab es nur die beiden, denn sie hatten nie geheiratet; zweitens waren ihre Weine beachtlich. Und so kamen wir ins Geschäft.

Mit den Jahren veränderte sich viel an der Mosel. Viele der kleinen Winzer konnten nicht überleben; sie hatten keine Kinder, die weitermachen wollten, oder sie blieben bei der Ausdünnung der Herde auf der Strecke, als Wein von einem alltäglichen Getränk zur Domäne von Connaisseuren und »Experten« wurde. Eine rege Weinpresse entstand, und man musste einem gewissen Standard genügen, um Erfolg zu haben. Die im Weinjournalismus vorherrschende Auffassung war: »Wir trinken weniger Wein, aber dafür besseren.« Die alte Generation, die Wein täglich eher beiläufig konsumierte, ohne unsere fanatische Sorge um seine »Güte«, starb aus. So verkauften gewöhnliche Winzer ihre Weinberge, wenn sie konnten, und gaben ihre Betriebe auf. Wenn sie Kinder hatten, die den Betrieb weiterführen wollten, wussten die Jungen, dass der einzige Weg zum Wohlstand darin bestand, allein auf Spitzenqualität zu setzen und auf das Radar der Weinjournalisten zu gelangen. Das bedeutete geringere Erträge (oder das glaubte man zumindest) und zusätzliche Investitionen, was wiederum die Preise steigen ließ. So schritt die Welt voran, bis auf eine kleine Ecke an der Brunnenstraße in Ürzig, wo Rolf und Alfred Merkelbach einfach weitermachten wie bisher.

Als ich sie einmal besuchen kam, parkte ein strahlend weißer VW Jetta vor dem Haus. Ich sagte etwas in der Art: »Hey, das ist ja ein fahrbarer Untersatz!«, woraufhin sie kichernd antworteten: »Tja, den haben Sie uns gekauft!« Es freute mich, dass unsere Zusammenarbeit dafür gesorgt hatte, das winzige Gut in seiner ursprünglichen Form zu erhalten. Es ist nicht größer geworden, die Preise haben sich kaum bewegt, und heutzutage spricht man von den Merkelbachs, als seien sie so etwas wie anthropologische Ausstellungsstücke in einem Freilichtmuseum des Winzereihandwerks.

Die beiden Brüder sind liebenswerte Menschen. Sie sind älter und faltiger geworden, doch jeder, der ihre Bekanntschaft macht, ist von ihnen angetan. Obwohl ich sie seit einem Vierteljahrhundert kenne, sind sie mir gegenüber so schüchtern geblieben wie am ersten Tag. Das ist wahrscheinlich der Grund, warum sie Junggesellen geblieben sind, auch wenn das missbilligend dreinblickende Portrait der Mutter in der guten Stube, die zugleich als Verkostungsraum dient, eine weitere Erklärung bereithält.

Wenn ich sage, dass ich Rolf und Alfred schon seit langem »kenne«, ist das nicht ganz das richtige Wort. Bin ich bei ihnen zu Besuch, dann koste ich den Wein und gerate bald ins Schwärmen, was sie mit einem Kichern quittieren. Selbst wenn ein Selbach anwesend ist (sie fungieren als meine Makler und sind häufig bei meinen Besuchen dabei), reicht es aber manchmal kaum zu einem Schwätzchen. Ich bin sicher, dass die Merkelbachs froh über mich sind, aber ich habe keine Ahnung, was sie sonst von mir halten. Je mehr ich über sie nachdenke, desto mehr dünkt es mich, dass sie von einem Geheimnis umgeben sind. Wer sind sie eigentlich? Was macht ihr Leben aus?

Sie sind heute Mitte 70, doch noch immer verrichten sie die ganze Arbeit selbst (mit etwas Hilfe bei der Weinlese), dabei sind die steilen Hänge nichts für Hänflinge. Sie leben dahin und wirken durch und durch zufrieden mit sich und der Welt. Dabei ist ihr Leben auf ein Maß an Einfachheit und Enge reduziert, die wir wohl nicht ertragen würden. Blickt man in ihre liebenswürdigen Gesichter, kommt einem die ganze modische Aufgeregtheit und leere Hektik des modernen Lebens lächerlich vor im Vergleich zur stillen Kraft ihrer einfachen, beinahe mönchischen Existenz. Mir kommt unweigerlich die Weltabgewandtheit des Zen-Buddhismus in den Sinn. Da sind Rolf und Alfred, die anstrengungslos das buddhistische Ideal der Zufriedenheit zu verkörpern scheinen. Sie sind in ihrem Leben zu Hause; sie haben, was sie zum Glücklichsein brauchen.

Das Mysterium dieses Glücks findet Eingang in ihre Weine, auch wenn diese selbst nichts Geheimnisvolles an sich haben. Sie sind vielmehr so essentiell, so überschwänglich rein und ausdrucksstark, dass sie einen ureigenen Charakter ausstrahlen, den ich fast versucht bin, »Ehrlichkeit« zu nennen. Alle Kenner des Moserieslings stimmen zu, dass die Merkelbach-Weine »urmoselig« sind, aller Affektiertheit und Künstlichkeiten des Ego entkleidet. Es ist, als spräche ein wohlwollender alter Moselgott durch diese beiden schüchternen alten Männer. Niemand würde behaupten, diese Weine seien »groß«, doch sie sind, um Andrew Jefford, den Herausgeber des britischen Magazins *The World of Fine Wine*, zu paraphrasieren, unendlich *gut*. Dass diese Spezies von Weinen überhaupt existiert, ist Größe genug.

Und was mich glücklich macht: dass ich dazu beigetragen habe, Rolf und Alfred in den letzten Jahrzehnten zu Anerkennung und einem bescheidenen Wohlstand zu verhelfen.

KAPITEL 8

Weine, die mir wichtig waren

Das, wovon wir sprechen, kann nie durch Suchen gefunden werden,
und doch finden es nur die Suchenden.

Bayazid Bistami

Weinneulingen sind alle Weine wichtig. Wenn wir engagiert bei der Sache sind, notieren wir unsere sensorischen Eindrücke, um den Gaumen zu fokussieren, die Konzentration zu schulen und uns zu erinnern, was wir geschmeckt haben. Wir lesen die Notizen anderer, um ihre Geschmackserlebnisse nachzuvollziehen (besonders, wenn wir uns die glamourösen Weine nicht leisten können, von denen wir gelesen haben). Als Anfänger versuchen wir uns bei anderen auch abzugucken, wie Verkostungsnotizen sein »sollten« und ob unsere eigenen schon daran heranreichen.

Doch schließlich gelangen wir bei der Verkostung an einen toten Punkt. Sie wird in gewisser Weise zu einer Absurdität. Die meisten Verkostungsnotizen sind assoziativ (sie beschreiben Weinaromen in Begriffen anderer Geschmackseindrücke), und das ist natürlich tautologisch: Zu sagen, ein Tropfen rieche nach Schwarzer Johannisbeere, besagt letztlich ja nichts anderes, als dass Schwarze Johannisbeere nach Schwarzer Johannisbeere riecht. Und was, wenn ein Leser dieser Notiz noch nie Schwarze Johannisbeere gerochen hat?

Es gibt im Grunde zwei Wege, Wein zu verkosten. Wir

müssen uns nicht auf einen beschränken, aber schließlich halten sich die meisten an einen, der sich in natürlicher Weise ergibt. Man kann »aggressiv« testen, das heißt seine gebündelte Aufmerksamkeit auf den Wein richten und mit dem Gaumen eine Art Schnappschuss davon machen. Das ist höchst wünschenswert, aber im Extremfall ist es fast ein bisschen so, als würde man aus dem armen Wein ein Geständnis herausprügeln.

Man kann aber auch »passiv« oder »peripher« verkosten: Dabei sehen wir von den einzelnen Aromen ab und versuchen herauszufinden, was uns der Wein sagt, wenn wir das arme Ding nicht auf etwas festzunageln versuchen. Wir lassen ihn sozusagen behutsam kommen. Dieser Ansatz bringt uns der Gestalt — ich könnte auch sagen: der Wahrheit — eines Tropfens näher. Allerdings dürfte unser Eindruck sprachlich sehr schwer zu fassen sein, es sei denn, unsere Verkostungsnotizen kommen wie Zen-Kōans in Form rätselhafter Paradoxe daher.

Andererseits: Die meisten von uns verfassen keine Verkostungsnotizen, die von anderen gelesen werden, daher können wir schreiben, was wir wollen. Freilich gibt es ja heute auch die Weinforen im Internet, wo Leute ihre Verkostungsnotizen mit anderen Weinfreunden teilen. Ich bin mir sicher, es macht ihnen Spaß. Ich persönlich finde es ein bisschen traurig, wenn ich mir vorstelle, dass viele Leute am Wochenende Wein trinken, *nur* um am Montag ihre Eindrücke posten zu können. »Schaut her, was ich getrunken habe!« Der Korken ist gezogen, und plötzlich wähnt man sich unter der Beobachtung tausender hypothetischer Augen. Das Leben wird zu einer Art Aufführung. Doch wahrscheinlich hat meine Skepsis wohl persönliche Gründe: Meine Beziehung zum Wein war immer eine intime. Als Händler muss ich Verkostungsnotizen anfertigen, um meinen Kunden bei der Auswahl der passenden Weine zu helfen. Anscheinend habe ich das Elefantengedächtnis verloren, über das ich in meinen 30ern verfügte, als ich mich noch an jeden gekosteten Tropfen haarklein erinnern konnte. Heutzutage muss ich bei einem Wein, den ich vor zehn Jahren verkostet habe, erst einmal in meine Notizen schauen. Meine Arbeit erfordert es, Notizen zu 1000 bis 1500 Weinen pro Jahr zu schreiben, was der Grund sein mag, warum ich zu Hause fast nie solche Aufzeichnungen niederschreibe.

Manche Tropfen erzählen mehr als eine Geschichte, sie verzaubern uns und scheinen uns eine geradezu mystische Erfahrung zu schenken. Andere Weine regen zum Schwelgen an und bringen unsere Vorstellungskraft außer Rand und Band. Es lohnt sich ganz gewiss, solche besonderen Erfahrungen niederzuschreiben. Wenn wir jedoch unsere Eindrücke jemand anderem mitteilen wollen, sollten wir damit rechnen, dass sie oder er von uns einfach wissen möchte, dass unser 2004er Spucknapf Kabinett wie »Kiwikrapfen im Bierteig, Boysenbeere und Schweinsrüssel« schmeckte. Als das charmante Buch *Hugh Johnsons Weinwelt* erschien (2006), war jemand im Internet darüber verwirrt. Der Betreffende fand das Werk nutzlos, weil sein Autor nie verrate, »wie der Wein schmeckt; er sagt nur, wie es war, ihn zu trinken«. Tja, lieber User, genau das ist der Punkt. Mir ist es weit lieber, die geistreichen Gedanken eines humanen Genießers zu lesen, der über den Einklang zwischen seiner Seele und dem Wein im Glas sinniert, als zu

erleben, wie viele geheimnisvolle Adjektive irgendein abge-
drehter Weinfreak hintereinanderreihen kann, um sein
Geschmackserlebnis in Worte zu fassen.

Sicher haben Sie schon einmal Notizen gelesen, die den
Folgenden gar nicht so unähnlich waren:

• Dieser dramatische Wein hat die Politur gebrannter Siena,
  eine Spur toskanischen Huhns, womöglich gar Hühn-
  chens, ein wildbretiges, fedriges Aroma ...

• Ein attraktiver Anflug gebärender Guppys, von rösten-
  dem Farnkraut unter kastilischer Sonne, eine strenge Note
  wie der steife, auflandige Wind, wenn ein Müllfrachter
  vor der Küste auf Grund gelaufen ist ...

• Ein Geschmack nicht exakt wie frische Passionsfrucht,
  sondern wie Passionsfrucht, nachdem sie von einem
  Pferd gekaut wurde, das gerade durch ein Heidetal galop-
  piert ist, so ähnlich wie triefend nasse Fesseln und alte
  Hunde ...

• Und erst der Abgang, oh, einfach das Inbild von Kapu-
  zinerkresse oder in Quittengelee getauchten Federballs
  oder von Fuchsschnauze nach dem Verzehr etlicher kleiner Nager oder von neuer Sandale, insbesondere, wenn
  die Füße darin mit Bromlösung benetzt sind ...

• Und in die Nase steigt abermals verrottender Mulch, ein
  übelriechender Strom süßlich blühenden Weißdorns mit
  einer flüchtigen Note frisch gestärkter Flugbegleiteruni-
  form ...

Jetzt fragen Sie zu Recht: Geht's noch? Eines der ersten Weinbücher, die ich gelesen habe (es ist leider nicht mehr im Druck), war die Anthologie *Fireside Book of Wine*, zusammengestellt von dem seligen Alexis Bespaloff. Unter den Stücken finden sich viele alte Verkostungsessays (sie »Notizen« zu nennen wäre knickerig) von einigen britischen Autoren alter Schule wie Maurice Healy und dem großen André Simon. Wie in der englischen Reiseliteratur des 19. Jahrhunderts kann man hier entdecken, dass aus den angeblich so biederen und prosaischen Briten vielfach eine extravagant emotionale und blumige Prosa hervorsprudelte. Als frischgebackenem Leser von Weinliteratur vermittelte sich mir hier die Botschaft, dass inbrünstige Gefühle eine normale Reaktion auf die Begegnung mit großartigen Tropfen waren. Ich fühlte mich ermächtigt, selbst in dieser Weise zu reagieren. Natürlich las ich auch Hugh Johnson und Gerald Ashers Kolumnen im *Gourmet*, und so waren alle Autoren, deren Werk meine künftige Arbeit prägten, entweder exzellente Schriftsteller oder Leute, die ihr Herz auf der Zunge trugen. Wer heute Wein für sich entdeckt, wird von der einschlägigen Literatur ebenso leicht verdorben wie inspiriert; es wird viel lausige Prosa und flaches Denken unters Volk gebracht.

Verkostungsnotizen, deren Lektüre ich als lohnenswert betrachte – ob selbstgeschrieben oder von anderen –, sollten aus dem Bauch kommen. Oft ist ein vielsagendes Bild wertvoller als eine wörtliche Beschreibung. Das birgt die Gefahr von Inkohärenz und Zügellosigkeit, und ich bin mir sicher, dass das zuweilen auch auf mich selbst zutrifft, aber das Risiko ist es mir wert.

Zur Belustigung führe ich hier eine Verkostungsnotiz an,

die ich einmal über einen jungen Wein verfasst habe. Es war
auf einer Verkostung auf dem überirdischen Weingut Müller-Catoir im pfälzischen Haardt-Neustadt, als wir mit der
Hälfte der Rieslinge schon durch waren. Wie gewöhnlich
leuchteten die Weine hell, und mir fiel auf, wie sich der
Eindruck von Schönheit verfestigt, wenn man einen hervorragenden Tropfen nach dem anderen probiert. Jeder
Tropfen fiel wie eine kleine Schneeflocke, die zusammen
schließlich eine geschlossene Decke bildeten. Wir verkosteten eine Bürgergarten Spätlese, und ich notierte: »Sieh an,
sieh an … das also ist der Blick vom Gipfel [hier war ich
noch erkennbar um Sachlichkeit bemüht] … Unfasslich
erlesen. Pflaumenessenz in einer perfekten Entenbrühe.
Würze, Würze, Würze. Die Mineralien singen: ›Schatz, ich
bin zu Hause!‹« Der Wein war großartig, trotzdem hatte ich
mich noch, züngelnd und empfänglich, im Wesentlichen
im Griff.

Eine weitere Bürgergarten Spätlese kam auf den Tisch,
das Schwesterfass, das separat abgefüllt werden sollte. (Diese
schöne Entschlossenheit, die Individualität der Weine nicht
zu opfern, ist für sich genommen schon ein Grund, deutschen Wein in Ehren zu halten.) Ich hatte gedacht, wir wären
mit den Spätlesen durch, und kritzelte: »Ich wusste nicht,
was da noch auf mich zukam. Wie gelangt man höher als
der Gipfel? Indem man sich auf Zehenspitzen reckt? Jetzt
schiebt sich die Salzigkeit in die Süße hinein und beides
gleitet in eindringlicher, wehmütiger Pracht über den Gaumen [hier ist er, der genaue Augenblick, in dem ich den
Faden verlor und mich mitreißen ließ] …, tiefgründig und
großartig, doch ohne Undurchsichtigkeit, eher im Detail
bis zum letzten Molekül durchgezeichnet.« Ich kostete wie-

der und wieder, um den Zauber zu brechen, aber der Wein war stärker, und ich verschwand durch die Membran. »Er schmeckt so aus demselben Grund, warum sich Blüten öffnen: um nützlich für die Bienen zu sein, damit die Pflanze lebt und neue Pflanzen zeugt, damit ein paar Passanten innehalten, riechen, sich ergötzen und eine merkwürdige, traurig angehauchte Sehnsucht danach empfinden, eine andere warme Haut zu berühren, eigentümlich glücklich und allein in der seltsamen, einsamen Welt.«

Auf den ersten Blick ergibt diese Passage keinen Sinn. Trotzdem beschreibt sie so präzise, wie ich es eben vermochte, wie es für mich war, diesen Wein zu schmecken, indem ich anzudeuten versuchte, wo er mich hinführte. Aber dazu muß man zuerst die Kontrolle fahren lassen und bereit sein, sich lächerlich zu machen. Es übers Knie zu brechen, klappt nie. Man tanzt zur eigenen Musik des Weins – was mich an ein schönes Zitat meines Landsmanns George Carlin erinnert, des mittlerweile verstorbenen Komikers und Sozialkritikers: »Die Tanzenden werden von jenen für verrückt gehalten, die taub für die Musik sind.«

Als ich diese Notiz bei Müller-Catoir schrieb, saß auch eine junge Kollegin im Verkostungsraum. Weil sie kein Deutsch sprach, konnte sie dem Geplauder nicht folgen, und ich war es leid, den Redefluss mit Übersetzungen zu unterbrechen. So wandte sie sich den Weinen zu. An einem Punkt gegen Ende erhob sie sich, schritt zum Erkerfenster und blickte hinaus in das graue Märzlicht. Ich wußte, warum. Sie kam mit glasigen Augen und einem vergeistigten Ausdruck zurück. Später, im Auto, als wir zum Abendessen fuhren, sagte ich: »Es ist überraschend, wie herzzerreißend es ist, finden Sie nicht?«

»Ja, ja!«, antwortete sie. »Also, zweien oder dreien davon kann man widerstehen, aber einen nach dem anderen, das überwältigt mich einfach.«

Zum Faszinierenden an unserer Reaktion auf Schönheit gehört für mich gerade die Neugier, die sie hervorruft. Ich will versuchen, das näher zu erläutern.

Schönheit weitet die Sinne. Das ist die erste Reaktion, die sie auslöst, ob wir sie nun in der Sprache, im Geschmack oder in Klängen finden. Sie durchdringt uns mit solch aufgeladener Lebhaftigkeit, dass uns schlagartig ihre Abwesenheit im Alltäglichen bewusst wird. Wenn die Schönheit komplex ist, rackert sich unser Geist ab, um alles davon in sich aufzusaugen und sie zu begreifen, bevor sie vergeht. Das ist mir bei Müller-Catoir häufig passiert, wobei mich die Gespräche im Raum immer daran hinderten, es tiefer zu ergründen. Man hätte mich in eine stille Kapelle setzen und einen jungen Novizen schicken sollen, der mir alle zwanzig Minuten einen neuen Tropfen kredenzt.

Wenn sich die Sinne weiten, um diese verblüffende Schönheit zu empfangen, tritt Stille ein. Für den Augenblick gibt es nur *dies*. Du hattest vergessen, dass auch *dies* zur Welt gehören kann, und etwas in dir erwacht aus seinem Schlummer. Das gewöhnliche Selbst genügt hierfür nicht, solche Schönheit nimmt unser ganzes Wesen gefangen.

Während sich die Sinne schärfen, vertiefen und sich forschend vortasten, weiten sich auch die Gefühle, es sei denn, wir sind gegen Schönheit abgestumpft. Das Erste, was du fühlst, ist Dankbarkeit und Staunen. Aber da ist noch mehr. Schönheit ist etwas Leidenschaftliches. Sie lässt nicht locker, sie dringt in dich ein, sie überwältigt dich, sie will sich Bahn brechen und kennt nur ein Ziel: Verzückung. Die Wirkung ist seltsam gewalttätig, selbst wenn du ganz von Wonne überwältigt bist. Kein Wunder, dass uns bei einem wahrhaft großen Wein auch schon mal die Tränen kommen können.

Vielfach sind es die älteren Weine, die uns mit der ruhigsten Schönheit und den tiefgründigsten Geschichten aufwarten. Das liegt zum Teil daran, dass sie mit der Zeit zwar an Ausgelassenheit, Ungestüm und Deutlichkeit einbüßen, dafür aber eindringlicher und, im besten Fall, erhabener werden. Manchmal begleiten mich junge Kollegen auf meine Rundreisen durch Europa, und es fesselt mich immer wieder, wie sie zum ersten Mal auf sehr alte Weine reagieren, die manchmal älter sind als sie selbst. Wer noch nie bei deutschen Winzern zu Gast war, ahnt nicht, wie diese Weine altern, wenn sie nie aus den vollkommenen Kellern, in denen sie von Anfang an ruhten, entfernt wurden. Der erste Schluck ist fast unglaublich, selbst wenn der Wein ein unscheinbarer Geselle aus einem gewöhnlichen Jahr ist, und manch ein Winzer, der unser staunendes Mienenspiel verfolgt, verschwindet in seinen Keller, um noch mehr davon hervorzuholen.

Viele dieser ausgereiften Rieslinge sind nicht einfach deshalb so hinreißend, weil sie sich so gut erhalten und so viele Facetten und so viel Komplexität hinzugewonnen haben. Es ist mehr als das. Es ist auch das Ausmaß, in dem sie *lebendig* geblieben sind. Sie sind keine verstaubten Relikte oder Kuriositäten; sie sind immer noch unter uns, um ihrem ursprünglichen Zweck zu dienen: unseren Speisen Gesellschaft zu leisten und uns glücklich zu machen. Es ist ferner die Art und Weise, wie sie zwischen ihren Aromafraktionen Frieden geschlossen haben. Die Franzosen nennen diesen Prozess *fondue,* ein Verschmelzen von Elementen zu einem nahtlosen Ganzen.

Man mag staunen, dass ein 25-jähriger Kabinett noch so jung schmeckt, aber da hört es nicht auf, sondern es fängt erst an. Der Wein kann es geruhsam angehen lassen. Er hat ein langes Leben hinter sich, er hat noch alle Zeit der Welt. Solche Tropfen existieren nicht nur in der Zeit, sie scheinen diese geradezu zu verkörpern. Wir denken an die Zeit als etwas, von dem es immer zu wenig gibt, an dessen gnadenlosen Grenzen wir uns ständig die Köpfe stoßen. Aber Wein kann uns eine andere Art von Zeit zeigen, die nicht geradlinig verläuft, sondern mäandert, eine gnädigere Zeit. Es gibt einen alten Spruch: Sind die Ochsen auch langsam, so ist der Boden doch geduldig. Wein kann uns der geduldigen Erde wieder näher bringen. Wenn man so will, altern Weine auch deshalb, um uns eine Geschichte zu erzählen.

Ich wäre gern konkreter, aber die Erfahrung selbst ist zu flüssig. Nehmen wir ein Beispiel. Eines Abends trank ich zufällig einen 1985er Riesling Grand Cru Kirchberg von Louis Sipp aus dem elsässischen Ribeauvillé. Der Wein war beinahe ein Vierteljahrhundert alt, doch die Flasche – zum Glück – in hervorragendem Zustand. Er hatte den gewissen strengen Charakter der Ribeauvillé-Rieslinge. Er war nicht hedonistisch. Im ersten Anflug verbreitete er einen wohligen Odem von Quitte und Ingwer mit subtilem Steinaroma. Nach etwa einer Stunde spielte er dann ein bisschen verrückt und mutete an wie ein Zaubertrank aus wilden Bergkräutern, beinahe wie Chartreuse, und würzigen Beeren, vor allem Wacholder. Nach zwei Stunden, mit dem letzten Schluck in meinem Glas, schmeckte alles nach brennenden Blättern und Trockenofen, doch das Merkwürdigste daran war, wie das Geschmacksbild zugleich verschmolz und zurückwich; einerseits wurde es immer komplexer, andererseits zog es sich immer stärker zurück. Es stellte sich ein unglaublich eindringliches Gefühl ein, als ob etwas aus den Hügeln und von den Feldern hinabwehen würde. Vielleicht haben Sie ihn auch einmal gekostet und es auf sich beruhen lassen, aber mein eigenes Temperament zwang mich, über diesen Zauber nachzusinnen.

Hier ist ein Wein mit einer Geschichte. Während des Jahrzehnts, in dem ich in Europa lebte, von 1973 bis 1983, wurde Wein für mich zum einzigen, leidenschaftlichen Hobby. Ich wurde prompt zum Weintouristen, und eine der ersten Gegenden, die ich besuchte, war Burgund. Ich lebte in München, und Burgund war näher als, sagen wir, Bordeaux. Außerdem war es weit interessanter und gastfreundlicher.

Ich trieb mich mit Ernst (aber ohne Plan) ein bisschen dort herum und stolperte irgendwann abseits der Hauptstraßen in einem Winkel der Côte de Beaune über ein Weingut. Ich darf mir anrechnen, dass ich selbst als Anfänger bemerkte, dass seine Tropfen etwas Besonderes waren. Ich kaufte, was ich mir leisten konnte.

Einige Jahre später kehrte ich zurück. Ich hatte keine Verabredung und traf gerade ein, als eine Busladung Belgier abreiste. Der Eigentümer taperte durch den Raum und kippte die Reste aus den Verkostungsgläsern in einen großen Plastikeimer. »Ach, damit will er jetzt wohl seine Fässer wieder auffüllen«, dachte ich. Als die Gläser geleert waren, stellte der Winzer den Eimer auf den Boden und blies in eine schrille Pfeife, woraufhin sein Hund hereintrottete und sich daranmachte, den Inhalt auszuschlabbern – es dürfte Premier Cru Burgunder im Wert von mehreren Hundert

Dollar gewesen sein. Dieses Mal hatte ich mehr Geld zur Verfügung, und da ich dazu übergegangen war, einen großen Teil meines Burgunder-Budgets auf die Rebsäfte dieses Guts zu verwenden, kaufte ich, was das Zeug hielt.

Die letzte dieser Flaschen, die ich zusammen mit den übrigen in Europa gesammelten Weinen später in die USA geschickt hatte, entkorkte ich schließlich Sylvester 2006. Sie machte keinen vielversprechenden Eindruck. Es waren mindestens sieben Zentimeter Schwund zu beklagen, und, wenn ich ehrlich bin, hatte ich sie nicht optimal gelagert. Doch diese Weine scheinen unzerstörbar, und ein paar Monate zuvor war eine andere alte Flasche von diesem Gut köstlich gewesen. Weinliebhaber kennen alle dieses Gefühl: die letzte Flasche! Du erträgst es nicht, dich von ihr zu trennen, und irgendwie steigt in dir der fast perverse Wunsch hoch, lieber zu warten, bis sie ihre beste Zeit hinter sich hat – dann wäre es nicht so herzzerreißend.

Die Farbe war in Ordnung, ausgereift natürlich, aber nicht verblasst. Der Wein musste dekantiert werden, um ihn vom schweren, grobkörnigen Weinstein zu befreien, und selbst nachdem die Flasche 48 Stunden aufrecht gestanden hatte, musste ich am Boden noch zweieinhalb Zentimeter stehen lassen. Das Bouquet dieses Weins war eine spirituöse Kraft. Wenn Trüffel Orgasmen hätten, würden sie womöglich einen solchen Duft verströmen. Soja, Sandelholz, Shiitake: Burgunder eben. Wie die Fetthaube auf dem Braten, nachdem wir ihn mit Knoblauch gespickt haben: süß, karamellisiert und blutig. Burgunder eben!

Auf dem Gaumen war das Tannin altmodisch langlebig und ungeschliffen: »ehrlich«, nichts, wofür man sich schämen müsste. Die Frucht, oder ihr Echo, löste beinahe ein

Gefühl der Reue über unsere alltägliche Kleinlichkeit aus. Ich könnte den Versuch unternehmen, um einzelne Begriffe zu ringen und den Geschmack genauer zu beschreiben, aber ich drücke es lieber anders aus: Der Wein versetzte uns in eine Stimmung der Gnade. Welch trivialen Groll ich auch gehegt haben mochte, er fiel von mir ab, und ich fühlte den Wahn in mir aufsteigen, dass von nun an nur noch Freundlichkeit herrschen würde.

Wir schnitten den Braten auf und setzten uns zu Tisch. Der Wein verströmte all die Süße des Landes, die erlösende Warmherzigkeit der Menschen. Ein großer Dank an die Domaine Albert Morot für diesen Beaune Bressandes 1969.

Ich liebe die Facetten der Schönheit, die sich in guten Tropfen zeigen können, von altem Burgunder mit seiner murmelnden, sinnlichen Tiefe bis hin zu meinem geliebten Riesling und seiner lyrischen, lebhaften Musik. Ich werde manchmal gefragt, warum ich mein Leben damit verbringe, deutsche Weine in den Vereinigten Staaten zu verkaufen. Ist es die Marktlücke, weil die Weine so »unterbewertet« sind, oder habe ich einfach einen kauzigen Geschmack? Ich hege einfach, wie ich schon mehrfach gestanden habe, eine besondere Zuneigung zum deutschen Riesling, zusammen mit einer unschicklichen Verknalltheit in die aufreizende Scheurebe, denn der Genuss dieser Weine mit ihrer außerordentlichen Lebendigkeit, Komplexität und Feinheit hat mich für Weine mit gröberen Tugenden verdorben – was beinahe heißt, für alle, die nicht deutscher Herkunft sind.

Aber für mich geht es nicht nur um den Geschmack der einzelnen Weinsorten. Mir ist vielmehr die ganze Gattung des Weines, seine kollektive Identität, ans Herz gewachsen.

Auf einer meiner Rundfahrten durch Deutschland kehrte ich eines späten Abends zu meinem Hotel zurück. Als ich den Motor abstellte, aus dem Wagen stieg und in die kühle Luft des beginnenden Frühlings hinaustrat, hörte ich etwas, was ich jahrelang nicht mehr vernommen hatte: Im nahen Gebüsch wetteiferten drei Nachtigallen mit ihren dunklen, unheimlich schönen Weisen. Plötzlich verstummte die übrige Welt, es kam mir vor wie der Anfang aller Zeiten. Ich ging in den Garten des Hotels und lauschte ihnen, bis es zu kalt wurde. Drinnen öffnete ich mein Fenster, kuschelte mich unter die Bettdecke und ließ mich von ihnen in den Schlaf singen.

Oft, wenn ich einmal wieder eine Lanze für den deutschen Wein brechen will, kommt mir jene Nacht in den Sinn, und mir wird klar, dass ich gar nicht vonnöten bin. Wie jede Lerche, Drossel oder Nachtigall, wie jeder betäubend duftende Lindenbaum entführen uns diese Tropfen aus dem hektischen Lärm der Welt und lassen uns innehalten. Sie sprechen für sich selbst. Ein guter deutscher Riesling ist wie ein Vogel, der im Dunkeln zwitschert. Er bringt alle Poren zum Prickeln. Der Geschmack lässt dich ein Leben lang nicht mehr los.

Ich sollte nicht unerwähnt lassen, dass ich Helmut Dönnhoff einmal von dieser nächtlichen Begebenheit erzählte. Die Tropfen von Dönnhoff zählen zu den grandiosesten Rieslingen der Welt, man spricht von ihnen beinahe mit religiöser Ehrfurcht. Doch der Mann selbst ist bodenständig. »Sie würden nicht so von diesen Vögeln schwärmen, wenn Sie in einer heißen Julinacht bei offenem Fenster schlafen, und direkt davor schmettert's aus dem Gebüsch«, bremste er meinen Enthusiasmus. »Am liebsten würde ich die kleinen Mistkerle abmurksen!« So hinreißend seine Weine sind, so wenig Verständnis brachte er für meine Verzauberung auf.

Letzten Sommer hängte meine Frau eine Kolibritränke auf unseren Balkon, und siehe da, gleich drei dieser Winzlinge kamen regelmäßig angeflogen. Kolibris schlagen ihre Flügel bis zu 50-mal pro Sekunde, ein energieverzehrender Bewegungsaufwand. Wenn sie jedoch nicht schwirren und summen, sondern sich setzen, dann wirken sie wie winzige Tauben, wie kleine, glückliche Heilige, die sich mit aller Wonne der Welt und vollem Bäuchlein umschauen.

Es ist genau dieses kolibrihafte Gleichgewicht von Energie und Zartheit, das ich am deutschen Riesling am meisten liebe. Kein anderer Wein kommt ihm ganz gleich. Mit dem Älterwerden scheine ich ein besonderes Mitgefühl für kleine Lebewesen zu entwickeln. Ich spüre es, wenn ich Moselrieslinge trinke, besonders einen Kabinett oder eine Spätlese mit sieben oder acht Prozent Alkohol, so zart, dass man denkt, er ist womöglich gar nicht wirklich da, mit einem Flügelschlag, der schneller ist, als die Augen wahrnehmen können, immerzu sirrend.

Es ist kurios, wie häufig sich bei mir eine Verbindung zwischen Riesling und Vögeln einzustellen scheint. An einem unerwartet warmen Märztag trafen wir im Gut Karlsmühle im kleinen Ruwertal nahe Trier ein. Es wäre eine Schande gewesen, bei so herrlichem Wetter im Haus zu hocken, und so setzten wir uns nach draußen. Es war erst das zweite Mal in 17 Jahren, dass wir unsere alljährliche Verkostung des neuen Jahrgangs im Freien abhalten konnten. Tatsächlich verlangt junger Ruwerriesling geradezu danach, unter freiem Himmel genossen zu werden, so sehr verkörpert er den Geist des Frühlings.

Käfer summten, das Grün grünte, alle Lebewesen kreuchten und fleuchten mit Verve, und auch die Ankündigung des Eigentümers Peter Geiben, dass für die folgende Woche Schnee erwartet wurde, konnte unsere gute Laune nicht trüben. Nach einer Weile drang vom Himmel kommend ein Geräusch an unsere Ohren. Wir blickten auf, konnten aber nichts erkennen. Einen Augenblick später zeigte Geiben nach oben: »Da!« Am Himmel zogen zwei Kranichschwärme in stattlicher Höhe vorüber. Sie waren auf dem Zug nach Norden in ihre russischen Sommerquartiere. Die beiden Schwärme versuchten, sich zu vereinigen und warfen sich gellende, weithin durch die Luft hallende Schreie zu.

Der Wein war gerade eingeschenkt, als wir die Kraniche vernahmen. Es war ein Kabinett aus der Lage Kaseler Nieschen, und als ich ins Glas hinabschaute, spiegelte sich darin das Grün der Erde und das Blau des Himmels. Als ich an diesem frischen kleinen Jungwein schnüffelte, mit den einander zurufenden Vögeln in der Höhe über mir, schienen sich Fäden zusammenzufügen, die zuvor lose gewesen waren.

Aromen, sagte mir einmal die wundervolle Küchenchefin Elka Gilmore aus San Francisco, sollten so lebendig sein wie ein Pfirsich, der so reif ist, dass er vom Ast fällt, wenn wir nur die Hand darunter halten. Ein großer junger Riesling gluckst dich mit der ganzen Wonne eines Kleinkinds beim Guck-guck-Spiel an, so wie dieser Kabinett. Dabei spiegelte sich ein ganzer Himmel im Glas, und ein Chor von Zugvögeln trompetete seine heiseren Kontaktrufe dazu. Deutscher Riesling ist natürlich mehr als bloß das lyrische Gesicht der Mosel. Es gibt auch noch die leichtherzig-extravagante Spielart der Pfalz und das reservierte, stoische Antlitz des Rheingaus. Ich hatte früher das winzige Familiengut der Riedels aus Hallgarten bei Oestrich-Winkel im Programm, wo man leidenschaftlich altmodischen Wein aus nicht einmal drei Hektar Land gewann. Je länger unsere Zusammenarbeit währte, desto mehr erschloss sich mir seine illustre Geschichte.

Die alte Winzerin, Christine Riedel, ging auf die 80 zu, als ich das Gut kennen lernte. Ich verhandelte mit ihrem Sohn, Wolfgang, während sie sich im Hintergrund hielt, wo sie aus ihrer Sicht hingehörte. Das lag schwerlich an ihrem willensschwachen Wesen, sondern schlicht an ihrem althergebrachten Rollenverständnis. Wolfgang Riedel lockte sie dennoch einmal aus der Reserve mit dem Versprechen, einen ehrwürdigen alten Jahrgang zu verkosten.

Der Wein löste ihre Zunge. Sie erzählte, dass sie jung zur Witwe geworden war und nicht nur den Ehemann, sondern auch drei ihrer vier Brüder durch den Krieg verloren hatte. So musste sie in der Folge nicht nur den Haushalt besorgen, sondern auch das Weingut weiterführen. Der Rheingau jener Tage wurde von ein paar hochherrschaftlichen Weingütern mit fürstlichen Namen beherrscht. Solch kleine Güter wie die der Riedels hatten wenig Chancen, zu überdauern, noch dazu, wenn sie »nur« von einer Frau geführt wurden. Niemand hatte indes mit der eisernen Durchsetzungskraft von Christine Riedel gerechnet. Sie brachte schier großartige Weine zustande, sodass der Verwalter des ersten Weinguts der Region Christine Riedel einmal den »besten Kellermeister des Rheingaus« nannte. Als es einmal eine Verkostung zu Ehren des Geburtstags von Graf Matuschka-Greiffenclau gab, damals Herr des berühmten Schlosses Vollrads, präsentierte Christine Riedel dort ihre zu dieser Zeit noch junge 1959er Beerenauslese. Das Geburtstagskind zeigte sich angetan. Zweifellos in der Meinung, einer Bürgerlichen kein großzügigeres Lob schenken zu können, bemerkte der Graf gegenüber Frau Riedel, wie bemerkenswert es doch sei, dass ein Wein von solcher Qualität aus einer so kleinen Winzerei komme. Wahrscheinlich erwartete er einen ehrfuchtsvollen Knicks. Doch Christine Riedel hatte ihr Leben lang auf diesen Augenblick hingearbeitet. »Wissen Sie, Herr Graf«, erwiderte sie, »unsere Weingärten sind weniger als zwei Kilometer von den Ihren entfernt. Meinen Sie nicht, wir bekommen beide denselben Sonnenschein, oder hat der Herrgott in seiner Weisheit einen Vorhang zwischen Ihre und unsere Reben gehängt?«

Der alte Wein, den Wolfgang Riedel aus dem Keller holte, kam in einer sehr hohen Flasche aus dickwandigem grünem Glas. Der umsichtig entfernte Korken war intakt. Wortlos wurde der Wein ausgeschenkt. Er war, erstaunlicherweise, tief grün-golden; das ganze Chlorophyll schien noch da zu sein. Er verströmte ein großartiges Bouquet, bezaubernd, komplex, eine Kathedrale des Duftes, wie Blätter oder Orchideen. Während ich noch versuchte, herauszufinden, um was für einen Wein es sich wohl handeln würde, konnte Wolfgang Riedel es nicht mehr für sich behalten: Es war eine Hallgartener Jungfer Spätlese von 1937 (ein durchschnittlicher Jahrgang), trocken vergoren, wie es in jenen Tagen die Regel war.

»Das war das Jahr, in dem ich geheiratet habe«, erinnerte sich die alte Frau Riedel. Ich konnte nicht aufhören, ihr Gesicht und ihre jugendlichen blauen Augen zu betrachten. Was hatten sie nicht alles gesehen, ein ganzes Menschenleben war an ihnen vorbeigezogen. Der Wein war majestätisch, würdevoll und mysteriös, mit einer weisen, hohen Note hinten auf dem Gaumen und einer rauchigen Abendstimmung von brennenden Blättern. Er war kraftvoll, er hatte noch immer Verve! Er war voller Efeu und Korn. Er erzählte von einer Zeit, in der man sich zum Abendessen im eigenen Haus noch umkleidete. Der Raum wurde still, als wir alle unser Herz für diesen geflügelten Boten der Zeit öffneten.

Der Tropfen war wunderbar, so tiefgründig, wie Wein nur sein kann, aber die *Erfahrung*, ihn mit jener Frau zu trinken, die über 61 Jahre zuvor dabei geholfen hatte, ihn herzustellen, war überwältigend. Bei solchen Gelegenheiten ist es schwer, Wein als etwas Isoliertes, Getrenntes zu sehen. Er ist wie Blut in den Adern solcher Menschen.

Wolfgang Riedel übernahm das Gut, doch galt sein Interesse mehr der Kunstgeschichte und mittelalterlichen Sakralarchitektur. Die Weine ließen immer stärker nach. Die kleine private Kundschaft des Gutes wurde alt und kaufte nicht mehr viel. Schließlich veräußerte er einige seiner besten Lagen. So sehr ich Riedel seine wissenschaftliche Karriere gönnte, so wehmütig stimmte mich doch der Verlust eines weiteren kleinen Familienguts.

Oft werden alte Jahrgänge mit einer gewissen Feierlichkeit ausgeschenkt, aber nicht immer. Manchmal geschieht es beinahe beiläufig, wie ein Schluck unter alten Freunden. Dabei überrascht es mich immer, wenn Menschen einem

alten Tropfen gleichgültig gegenüberstehen oder ihn kosten, ohne ihn zu »kapieren«. Einmal machte ich wieder bei
den Champagne-Winzern meines Portefeuilles die Runde
und hatte einen jungen Kollegen im Schlepptau. Als wir
im Gut Gaston Chiquet in Dizy ankamen, fragte Nicolas
Chiquet nach dessen Geburtsdatum. Noch selten hatte mein
junger Freund Weine gekostet, die so alt waren wie er selbst,
aber für Chiquet war es angesichts der vielen Jahrgänge in
seinem Keller ein Leichtes, eine entsprechende Flasche auf-
zustöbern.

Ich saß allein im Wohnzimmer, wo mich unverhofft ein
Zustand gesteigerter Glückseligkeit überkam. In den vorangegangenen Wochen war ich fast ständig unter Leuten
gewesen. Es waren angenehme, teure Menschen, und doch:
Die plötzliche Einsamkeit war Balsam für meine Seele.
Amseln mit ihren laut hingeschmetterten Melodien leiste-
ten mir die einzige Gesellschaft, nach der ich verlangte. Da
waren drei meiner liebsten Dinge vereint: Einsamkeit, Singvögel und Champagner.

Chiquet kehrte mit einem 1981er zurück, zusammen mit
den Spitzenjahrgängen von '88 und '85 (bezeichnet als »Spe-
cial Club«). Er begann mit dem 88er, dem jüngsten Spit-
zenjahrgang zu der Zeit, als ich zwölf Jahre zuvor sein Gut
zum ersten Mal besucht hatte. Er brauchte so seine Zeit
zum Reifen, und ich Trottel hatte doch tatsächlich meinen
ganzen Vorrat schon weggesüffelt, bevor er wirklich bereit
war. Geduld ist leider nicht gerade eine meiner Stärken. Als
wir diesen 88er Club nun im Jahr 2007 entkorkten, war er
surreal, von eindringlicher Fruchtigkeit und Textur, mit
einem Zug kalkigem Terroir zum Ausgleich; fenchelig und
mentholisiert, mit langem Nachhall; nicht kraftvoll, son-

dern prägnant, einer jener Tropfen, die nur von einem bestimmten Ort kommen können. Er war keine gegen den Fels brandende Welle, eher ein über dunkle Felder rollender Vollmond. So tranken wir und arbeiteten uns zum 85er und 81er vor, entspannt und nachdenklich, unsere Plauderei begleitet von herrlichem alten Champagner.

Einer der Champagne-Winzer, die ich vertrete, ist Jean-Baptiste Geoffroy aus Ay. Seit den Anfängen unserer Zusammenarbeit sind alte Tropfen unser Leitmotiv. Einmal gelang es mir zu seiner – wie übrigens auch meiner eigenen – Überraschung, vier der fünf Jahrgänge richtig zu erraten, die mich Geoffroy blind verkosten ließ. Dabei war es gar nicht so schwer, wie ich ihm erklärte, denn die Aromasignaturen dieser Champagne-Jahrgänge waren sehr dicht an denen derselben Jahrgänge in Deutschland, die ich sehr gut kannte.

Wann immer wir also heute das Geschäftliche hinter uns haben, gönnen Geoffroy und ich uns einen ehrwürdigen Tropfen. Einmal verkündete er:»In diesem Jahr möchte ich Sie etwas zu Ehren meines Großvaters kosten lassen.« Er verschwand in seinen Keller und kehrte mit einer eingestaubten alten Flasche zurück, die, wie er sagte, aus der Zeit seines Großvaters stammte. Der Korken entwich mit einem Säuseln. Der Wein wurde eingeschenkt und zeigte eine heitere, tief strohgelbe Farbe. Ach, es war ein vollkommener alter Weinduft: Mokka, Johannisbrot, es hätte fast roter Burgunder sein können. Die Wendung »in den Bann schlagen« drängte sich mir auf. Eine tiefe, zärtliche, bejahrte Freundlichkeit, lieblich vom Hauch der Geschichte durchweht. Es war beinahe unmöglich, diesen Tropfen zu erfassen: Er explodierte förmlich vor Komplexität.

Geoffroys Vater René kam herein und leistete uns Gesellschaft; er hatte noch im Keller zu tun gehabt. »Aha, ihr habt also schon ohne mich angefangen!«, protestierte er.

Der Wein stammte von 1966. Noch immer enorm fruchtig, erinnerte er stark an brennende Blätter und Wintertrüffel. Was für ein Jahrgang! Eine leicht verbrannte Note stellte sich ein, während die Frucht abklang. Dann stieß Geoffroys Frau Karine zu uns, ein Neugeborenes im Arm und ihre ungefähr sechsjährige Tochter an ihrer Seite. Alter Wein, neues Leben: Hier gehörte alles zusammen.

Wie viele »Punkte« hat das verdient? In den Wein geht das Leben von Menschen ein. Zwei Generationen saßen hier beisammen und zollten der vorangegangenen und der künftigen Tribut. »Wenn ich einen Wein wie diesen koste, denke ich an die Methoden meines Großvaters«, sagte Geoffroy. »Warum sollte man sie ändern?« In altem Wein wird uns das alte Leben zurückgeschenkt, ohne all das Schlechte darin, ohne Kämpfe, Krankheiten und Elend.

Es mochten 20 Minuten vergangen sein, und nun roch der Wein himmlisch: Jacobsmuschel, beträufelt mit Butter und Muskat, Macadamianuss, Gewürze, Sternfrucht. Die Sechsjährige durfte kosten und tat es wie ein Profi: Sie schnüffelte, schwenkte, sog Luft durch das schmale Mündchen. Mochte sie ihn? Sie war sehr schüchtern in Gegenwart von uns Fremden, brachte dann aber doch eine piepsige Antwort heraus: »Il est bon.«

Hier haben wir den Grund, warum es lohnt, Wein wichtig zu nehmen, hier dringen wir zur Wurzel vor. Jedes Mal, wenn ich mit dieser Familie einen alten Jahrgang probiere, kosten wir ihn ohne Zeremonie an einem alten Tisch, und es ist mit Händen zu greifen, wie diese besondere Form der Schönheit in einer Familie und einer Kultur gedeiht. Man begreift, dass dies der Mühe wert ist, dass ihr Werk der Angelpunkt eines guten Lebens sein kann.

Falls Sie glauben, dass man allzu leicht romantischen Anwandlungen erliegt, wenn man im Kreis einer Winzerfamilie sitzt und ihre Tropfen zu den Düften des Mittagessens auf dem Herd kostet, irren Sie sich. Ich werde bei vielem sentimental, aber nicht bei Schönheit. Schönheit ist zu wichtig, um darüber gefühlsduselig zu werden, und, nebenbei bemerkt, das Schöne ist häufig hart und indifferent. Der Zauber kann in jedem Augenblick und unter den prosaischsten Umständen über uns kommen, es sei denn, wir haben große Anstrengungen unternommen, uns dagegen abzuschotten. Das ist, wie ich glaube, der Schlüssel. Offen für den Zauber zu sein ist sehr leicht. Alles, was wir dazu brauchen, ist, innezuhalten und uns umzuschauen. Dem Zauber gegenüber gleichgültig zu bleiben erfordert eine weit größere Anstrengung – und kostet Lebensqualität. Vermutlich würden mir die meisten sogar zustimmen, theoretisch, aber sie werden wohl skeptisch bleiben, ob »bloßer« Wein uns wirklich bedeutungsvolle Augenblicke schenken kann.

Viele sind ungeheuer stolz darauf, Wein mit nüchternen Augen zu betrachten. Ich kenne einen Burschen, der bestimmt zehnmal mehr Zeit mit Wein verbringt als ich und über jedes Wort in diesem Buch die Nase rümpfen würde. »Geht runter, bleibt unten«, ist sein höchstes Lob. Wo es nur um eine nützliche Bewertung geht, muss ja auch tatsächlich nicht mehr gesagt werden. Aber wie viel am Wein blendet er damit einfach aus?

Dennoch, ich hege auch für diese Haltung eine gewisse Sympathie. Es kommt ja wirklich sehr oft vor, dass wir nicht

mehr zu sagen brauchen als dies: »Das ist ein verdammt guter
Wein.« Ich hatte neulich Abend einen 2004er Muskat von
Müller-Catoir, und bei jedem Schluck klingelte mir ein
»Verdammt gut« in den Ohren. Es wäre lustig, eine Verkostungsnotiz zu lesen wie diese: »Oh, geil, Mann. Wirklich
krass.« Ich würde der Empfehlung folgen. So ein Urteil sagt
mir in jedem Fall mehr als die schrille Verkostungslyrik, der
man immer wieder begegnet (»eine Note von geschmolze-
ner Lakritze, Straßenteer und Wieselflatus«). Der Wein selbst
lenkt unsere Reaktion. Ein stiller, nachdenklicher Wein wird
uns nicht vom Sofa aufspringen und Begeisterungsflüche
ausstoßen lassen, es sei denn, wir neigen sowieso dazu.

Eines Tages im letzten Frühjahr hatte es in Maryland
seit dem frühen Morgen gestürmt und gegrummelt. Dunkle
Wolken jagten über den Himmel. Draußen trieben die
Bäume gerade die ersten Knospen aus, in diesem unglaublich jungfräulichen Grün, das seinesgleichen sucht. Die
Blätter waren noch eingerollt und bescheiden, und von
meinem Balkon im 18. Stockwerk aus sahen die Bäume aus
wie ein smaragdgrüner Spitzenvorhang. Es ging auf die
Abenddämmerung zu, der Sturm legte sich, und während
der Regen nach Norden trieb, warf das plötzlich hervor-
brechende Sonnenlicht ein Strahlenbüschel fern an den
zurückweichenden Horizont. Einige Sekunden lang bot
der ganze Himmel ein dramatisches Schauspiel, das wohl
dem Blick der meisten entging.

Zufällig hatte ich in meinem Glas einen hartnäckig
jugendlichen Riesling aus dem Jahr 1990 von meinen Freunden, der Familie Saahs, vom Gut Nikolaihof in der Wachau.
Es war der Weingebirge Smaragd mit 12,5 Prozent Alkohol,
so blass und durchsichtig, dass ich die reife balsamische Süße

seines Duftes fast nicht glauben mochte. Ich weiß wirklich nicht, wie dieses Erlebnis die Form einer »Verkostungsnotiz« annahm; doch als ich mit meinem Glas auf dem Balkon stand und auf das Schauspiel der Sonnenstrahlen schaute, die auf die schwarze Wand des abziehenden Gewittersturms und das Grün der feuchten, frischen Blätter fielen – eine zugleich düstere und strahlende und ganz von einem Schimmern durchwobene Szene –, da wusste ich einfach, dass es für mich keinen anderen möglichen Wein gab, um diesen einmaligen Augenblick zugleich abzurunden und zu verkörpern. In diesem Moment fühlte ich mich einbezogen in die Schönheit der Welt.

Wein stiftet in meinem Leben die unglaublichsten Beziehungen. Dazu eine ganz persönliche Geschichte.

Ich bin ein Adoptivkind, und als ich Anfang 40 war, beschloss ich, nach meinen leiblichen Eltern zu forschen. Früher wurde über Adoption der Mantel des Schweigens gebreitet, doch schließlich, mit Hilfe eines Privatdetektivs, der sich auf solche Fälle spezialisiert hatte, fand ich sie. Beide Elternteile lebten noch und erfreuten sich guter Gesundheit, allerdings waren sie nicht mehr zusammen (es war eine Highschool-Liebe gewesen), sondern standen nur noch in loser Verbindung.

Zunächst traf ich mich mit meiner leiblichen Mutter. Sie hatte selbst nach mir gesucht und war durch einen Anruf meines Detektivs, dessen Vorwand sie nicht glauben mochte, schon auf unsere Begegnung vorbereitet. Unser Zusammentreffen war also von beiden Seiten erwünscht. Sie führte mich dann zu meinem biologischen Vater, den dieses Treffen aus heiterem Himmel ereilte.

Ich kann nicht sagen, wie glücklich ich über das Taktgefühl und die Warmherzigkeit war, mit der die beiden meiner Annäherung begegneten. Aber diese Geschichte spare ich mir für ein andermal auf. Unser erstes Gespräch fand am Telefon statt, und als ich mit meinem leiblichen Vater redete, beeilte ich mich, ihm zu versichern, dass ich ein erfolgreicher, beruflich wohlbestallter Mann geworden war (einige Adoptivkinder, die ihre wahren Eltern suchen, tun dies ja, weil sie in finanzielle Not geraten sind). In jener ersten, wirren Unterhaltung erzählte ich ihm allerdings nicht genau, womit ich meinen Lebensunterhalt verdiente. Es war schließlich eine völlig neue Realität für uns. Etwa zehn Minuten, nachdem wir aufgelegt hatten, rief er mich zurück. »Ich schätze, dass ich noch nicht mit dir fertig bin«, entschuldigte er sich. »Gib mir doch mal einen Eindruck von dir. Was sind so deine Hobbys?«

»Also, ich mag die Berge und gehe gern wandern, ich spiele Gitarre und liebe Musik, und habe nie ganz meinen Traum aufgegeben, ein Rockstar zu werden«, erwiderte ich. »Und du?«

»Ach, ich bin ein jüdischer Arzt, also liebe ich Golf.« Er kicherte. »Und darüber hinaus könnte ich mich wohl als eine Art Weinliebhaber bezeichnen.«

»Wirklich?«, fragte ich, während ich meine Verblüffung irgendwie unter Kontrolle zu bekommen versuchte. »Und gibt es irgendwelche Weine, die du besonders magst, irgendwelche Lieblingstropfen?«

»Na ja, ich weiß, dass sie nicht die populärsten Weine sind, aber ich muss zugeben, dass ich eine Schwäche für deutsche Weine habe … Hallo? Bist du noch da?«

»Lass mich dir erzählen, womit ich mein Geld verdiene«,

stammelte ich, und nachdem ich es ihm gesagt hatte, antwortete er: »Warte mal, bleib am Hörer. Ich bin gleich zurück ...« Ich hörte, wie sich seine Schritte entfernten und kurz darauf zurückkehrten. »Ich hab deinen Wein in meinem Keller! Mein Sohn hat mir letzte Weihnachten eine Kiste geschenkt.«

Es gibt noch andere Geschichten. Insbesondere bei alten Weinen habe ich häufig erlebt, wie sich diese Tropfen mit der Erinnerung der Menschen verbanden, die sie hergestellt hatten. Die Geschichte der Verkostung bei Jean-Baptise Geoffroy habe ich bereits erwähnt, und ich kann eine Flasche von 1953 nicht vergessen, die mir Willi Schaefer anbot, um den 25. Jahrestag unserer ersten Begegnung zu begehen. Es war zehn Uhr morgens. Willis Frau Esther war bei uns, und als der Wein geöffnet war, schenkte sie ein Glas ein und sagte: »Lass mich deiner Mutter ein Glas bringen, Willi. Sie freut sich bestimmt, einen Wein zu trinken, den noch ihr Mann gemacht hat.« Ich wusste nicht, in welchem Teil des Hauses die Witwe wohnte und war ihr nie zuvor begegnet, aber es war außerordentlich anrührend, sich vorzustellen, wie sie diesen Wein trank.

An der Mosel scheinen die Winzer über besonders reichhaltige Bestände alter Weine zu verfügen. Als ich einmal mit meiner »Entourage« im Weingut Meulenhof des Moselwinzers Stefan Justen eintraf, erfuhr ich die traurige Nachricht, dass sein Vater Heinz zwei Wochen zuvor dem Lungenemphysem erlegen war, mit dem er seit Jahren gerungen hatte. Sein Sohn ließ sich nichts anmerken, doch als er einen alten Wein hervorholte, verriet er uns, dass er ihn zu Ehren seines Vaters öffne. Der Wein wurde eingeschenkt, und wir hoben das Glas in Anteilnahme und Dankbarkeit. In die-

sem Augenblick spielte es keine Rolle, wie er schmeckte.
Wein macht das Leben flüssig und berührbar. Der Vater war
gestorben, und wir, die wir ihn viele Jahre gekannt hatten,
erhoben unser Glas auf ihn, vereint in der Liebe zu diesen
wunderbaren Tropfen, die uns zuerst zusammengebracht
hatten und es nun abermals traten.

Gewöhnlich schnüffle ich am Glas, um erste Anhaltspunkte zu gewinnen. Dieser Tropfen war nichts, was mir
je begegnet war. Die Farbe war tief, aber überhaupt nicht
golden; es war eher ein chlorophyllgesättigtes volles Grün.
Er verströmte einen saftigen, grünen, buchsbaumigen, wald-
bodenartigen Duft. Auf dem Gaumen war er großartig ver-
wirrend, voll des Mysteriums alten Weins, aber immer noch
angespannt und irre frisch. Er war trocken – Justen sprach
von vielleicht 30 Gramm Restzucker pro Liter (drei Prozent); damals hatte man Wein so lange vergoren, bis er von
selbst aufhörte. Es war eine seiner letzten drei Flaschen, und
er selbst kostete ihn zum ersten Mal.

Was da vor uns stand, war ein 1945er, einer von nur drei
Weinen, die das Weingut der Justens in jenem schweren
Jahr produziert hatte. Es waren damals die Witwen, Großeltern und Kinder der Winzer, die nach den Kriegswirren
den Wein herstellten. Er wurde vor den französischen
Besatzern versteckt, bis diese 1948 abrückten. Es war auch
mein erster 45er, und ich war sprachlos – platt. Einige meiner Gefährten bekamen feuchte Augen, aber für mich kam
es zu plötzlich, es war zu irreal; ich brauchte diesen Wein
am Ende eines Abends vertrauter Unterhaltungen mit geliebten Freunden. Wir waren spät dran für unsere nächste Verabredung, und hier war dieser seltsam grüne Saft, der im
Glas tanzte, als wäre er unsterblich.

Ich bin zwar mit vielen Winzern, mit denen ich zusammenarbeite, dick befreundet, aber Stefan Justen gehört nicht dazu. Wir feixen nicht miteinander. Trotzdem holt er jedes Jahr einige alte Weine hervor, wenn wir mit dem Verkosten der neuen Ernte fertig sind. Justen ist ein reservierter Mann; Wein ist das Medium, mit dem er den Wert unserer Beziehung zum Ausdruck bringt. Ich finde es fast unerträglich anrührend und kann es nie zeigen.

Gefühle folgen jedoch ihren eigenen Gesetzen, und wenn sie herauswollen, gibt es wenig, was sie bremsen kann. Sigrid Selbach begleitet mich, wie erwähnt, zuweilen auf meiner Runde zu den Moselwinzern. Einer ihrer ältesten Freunde ist Hans-Leo Christoffel vom Weingut Christoffel in Ürzig, das ich seit 1986 kenne. Sigrid und Hans-Leo sind alte Schulfreunde, und obwohl beide glücklich mit anderen verheiratet sind, besteht zwischen ihnen eine seltene Chemie, die sich darin äußert, dass sie sich gegenseitig vor Lachen zum Bersten bringen. Ich bin mir sicher, dass meine Verkostung von Christoffel-Weinen von ihrem unablässigen Gelächter beeinflusst wird.

Einmal fragte uns Christoffel nach getaner Arbeit schelmisch, ob wir etwas »dagegen« hätten, einmal ein Schlückchen zu probieren, das schon ein paar Jährchen auf dem Buckel hatte, wo wir doch vom Verkosten einen ziemlichen Durst bekommen hätten. Wir waren geneigt, uns überreden zu lassen.

Der Wein hatte eine wunderbare Farbe zwischen jungem Grün und reifem Gold, eine Art Palimpsest von Jugend und Reife. Ich schätzte, dass er zwischen 25 und 30 Jahre alt war – mit dieser Farbe konnte er unmöglich älter sein. Er hatte einen vollkommen himmlischen Moselduft, der im

Glas eine rauchige Note ausbildete. Am Gaumen war er anhaltend und trocken, mit zartem Rauch im Abgang; einfach reizend in seiner ruhigen, meditativen Art. Den Jahrgang zu erraten würde schwer werden, aber ich tippte auf 1966. Falsch. Der Wein war ein 1959er, eine Auslese, nicht eine der großen, für die der Jahrgang berühmt ist, sondern ein feiner Tropfen aus derselben Lage, von der seine aktuelle Drei-Sterne-Auslese stammte. Ich hatte nie einen so jugendlichen und tiefgründigen 59er gekostet, und während ich über seine Schönheit staunte, schaute ich zu Sigrid hinüber. Sie feixte mit Hans-Leo, so wie es diese beiden Freunde taten, seit ich sie zwölf Jahre zuvor kennen gelernt hatte. Sigrid war es, die mich in dieses Haus eingeführt hatte, und nun waren wir wieder hier versammelt und tranken diesen 59er – das Jahr, in dem Johannes, ihr Ältester, geboren worden war. Ich war plötzlich zutiefst gerührt. Ich dankte Sigrid pathetisch und hatte meine liebe Not, dass sich dabei meine Stimme nicht überschlug.

Wir alle kennen das plötzliche Bewusstsein der Vergänglichkeit, wenn unser früheres Leben einen rosigen Glanz annimmt und das noch verbleibende nur allzu kurz erscheint. In solchen Augenblicken überkommt uns eine melancholische Trauer. Wir haben alle Angst vor dem Tod, aber das ist nicht annähernd so traurig wie die verbreitete Angst davor, zu *leben*. Übertreibe ich, wenn ich solche Fragen von Leben und Tod mit dem Wein in Zusammenhang bringe?

Ich hatte einen Freund in Österreich, aus dem Kremstal, der so ziemlich der liebenswürdigste Mensch war, der je auf Erden wandelte, aber mit Verschmitztheit meine Neigung zu mystischem Schwelgen hervorkitzelte. Der Unmensch setzte mir überirdisch alte Jahrgänge seiner Weine vor, nur um sich über mich lustig zu machen, wenn ich ihrem Zauber erlag. Jedes Jahr holte er einen weiteren hervor, und prompt verfiel ich wieder in meine törichte Trance. Dann wiegte er seinen Kopf, um mir zu sagen: »Es ist doch nur Wein.« Ich schielte zurück, wie um zu antworten: »Na, warum bringst du dann dein ganzes Leben damit zu, ihn zu machen?« Über dieses liebevolle Patt kamen wir nie hinaus.

Sein Name war Erich Salomon, einer der vielen Menschen, die ich kennen lernte, als ich damit begann, dem österreichischen Wein auf den Grund zu gehen. Es sind viele bemerkenswerte Persönlichkeiten darunter, der überschwängliche Ludwig Hiedler, der geniale Willi Bründlmayer, die ebenso elegante wie erdverbundene Weinkönigin Heidi Schröck und viele andere. Aber der vielleicht auffälligste unter ihnen war Erich. Er strahlte eine fröhliche Liebe zum Leben aus, als besäße er ein besonderes Gen, das ihn befähigte, sich an einfach allem zu erfreuen. Glücklich, wer so geboren wird. Das ist etwas gänzlich anderes, als Optimismus als Einstellung zu kultivieren. Das funktioniert nie. Es ist ein unerhörtes Glück, im Leben eine Quelle solcher Fröhlichkeit zu finden. Bei Erich verband es sich mit Großzügigkeit, Kollegialität gegenüber anderen Winzern, einer Gabe zum Plaudern und einer Liebe zur Natur. Ich werde nie vergessen, wie er einen Baum heilte, der von den Zinken eines Gabelstaplers durchbohrt worden war. Er bandagierte die Borke und behütete den verletzten Baum ganz wie einen Menschen. Ein Jahr später zeigte er ihn mir mit Stolz und Freude: »Schau mal, es hat sich alles eingerenkt. Du siehst kaum noch die Wunden.«

Die Weine seines Guts Salomon Undhof waren wunder-

bar, durchdrungen von seinem fürsorglichen Geist. Er klagte
nie über das Geschäft. Jedes Jahr begrüßte er meine Freunde
und mich aufs Neue in seiner liebenswürdig verschmitzten
Art. Eines Tages sagte er, er sei krank gewesen, ohne indes
Einzelheiten zu nennen. Ich drängte ihn nicht; er würde
mir sagen, was er mich wissen lassen wollte.

Das folgende Jahr brachte die Neuigkeit, dass Erichs
jüngerer Bruder Bertold seine Karriere in verschiedenen
Betrieben und Verbänden der österreichischen Weinwirt-
schaft aufgeben würde, um an Erichs Seite die Leitung des
Weingutes zu übernehmen. Keines von Erichs zwei Kindern wollte Winzer werden, und so war Bertolds Engage-
ment ein Glück.

Die Jahre verstrichen. Zuweilen sah ich beide zusammen, in anderen Jahren sagte man mir, dass Erich krank sei
und mich grüßen ließ. In einem Jahr weilte er in Indien zu
einer Ayurvedakur. Als ich das Gut im Mai 2007 besuchte,
fragte ich nach Erich und bekam zur Antwort, dass er nach
einer kräftezehrenden Grippe, die ihn wochenlang ans Bett
gefesselt hatte, auf dem Weg der Besserung sei, er aber her-
auskommen würde, um mich zu begrüßen. Es war ein mil-
der Frühlingstag, und meine Gruppe saß unter der Linde,
die Erich vor all den Jahren gesundgepflegt hatte. Einige
von denen, die mit mir reisten, waren ihm nie begegnet.
Ich fragte mich, wie es ihm wohl ginge. Wir mochten schon
eine Stunde beim Verkosten gewesen sein, da vernahm ich
Erichs vertraute Stimme. Mit einem breiten Lächeln und
einem gänzlich kahlen Kopf kam er durch den Garten auf
uns zu. »Ich habe meine Bruce-Willis-Phase!«, rief er aus.
Er wirkte recht rüstig und setzte sich auf zehn Minuten zu
uns, ohne viel zu sagen. Er wirkte beinahe verlegen, als

wollte er sich uns bei unserer Arbeit an einem so schönen Frühlingstag nicht aufdrängen. Ich versuchte, ihm etwas über Indien zu entlocken. Ich hätte ewig dort sitzen bleiben und mit ihm sprechen können. Aber er entschuldigte sich bald, ging ins Haus zurück und verriet mit keinem Wort, wie viel Kraft es ihn gekostet hatte, zu uns hinauszukommen.

Wie gesagt: Das war im Mai. Im Dezember traf die Nachricht ein, dass er seinem Krebsleiden erlegen war. Er starb mit Mitte 60, hatte aber zu Lebzeiten jünger gewirkt. Männer wie Erich wirken immer jünger. An dem Abend, als wir die Nachricht erhielten, öffneten meine Frau Karen und ich eine Flasche 1982er Riesling, die Erich hergestellt hatte. Wir hatten sie erst kürzlich bekommen. Karen hatte Erich zwar kaum gekannt, aber ich musste diesen Tropfen einfach mit ihr zusammen trinken.

Die Flasche war in gutem Zustand, sauberer Korken, gesunde Farbe. Alter Wein wirkt Wunder. Er begann beinahe schal und muffig, nicht mit eigenem Duft, sondern dem Geruch des Kellers, in dem er gelegen hatte. Im ersten Augenblick riechen alle alten Weine ähnlich, eben nach »altem Wein«. Das war auch bei diesem der Fall. So saßen wir und tranken diesen schweigsamen Herold der Zeit und der Erinnerung und dachten an den Mann, der ihn gemacht hatte. Sieben Jahre zuvor hatte Erich den Pachtvertrag seines Weinbergs erneuert, ein Grundstück im Besitz des Stifts Passau, das bis heute den Zehnten aus seiner Produktion erhält. Er hatte mir von der feierlichen Unterzeichnung erzählt und sich gefragt, wer wohl bei der nächsten Erneuerung in 30 Jahren die Unterschrift leisten würde.

Als ich das Gut im folgenden Frühjahr besuchte, saß ich

mit Bertold und seiner Familie bei einer Flasche, die von Erichs und Bertolds Großvater stammte, Jahrgang 1943. Auf meine Bitte legten wir am Tisch die Hände ineinander. Ich dachte an den 82er zurück, den ich mit meiner Frau zu seinem Gedenken geleert hatte. Ich erinnerte mich, wie der Wein in unseren Gläsern geruht hatte, stumm zuerst. Dann plötzlich, wunderbarerweise, hatte er sich verwandelt und die Frucht und Zartheit wiedergefunden, mit der er geboren worden war. Er atmete, in schierer Erleichterung, endlich aus der Enge der Flasche und dem dunklen Keller befreit zu sein. Er ruhte dort in unseren Gläsern, und meine Frau und ich verfolgten staunend, wie er von den Toten auferstand.

Dank

Robert »Bobby« Kacher gewährte mir einen großen Vertrauensvorschuss, als er mir meinen ersten Job im Weingeschäft verschaffte. Ich hatte keine Erfahrung und war ein ziemlicher Weinlangweiler. Obwohl er und ich zuweilen unterschiedlicher Meinung sind und man sagen könnte, dass unsere Herangehensweisen nicht gerade ideal zusammenpassen, ist er mit seiner Integrität ein großes Vorbild für mich geblieben. Er kennt sich selbst und bleibt seiner Wahrheit treu.

Howard G. Goldberg, der damalige Weinexperte der *New York Times,* »entdeckte« mich 1987 als Erster, als mein noch im Aufbau befindliches Portefeuille bei irgendeiner Verkostung eine gute Figur machte. Er ist seither ein unfehlbar großzügiger Beistand geblieben, der auch nicht mit Kritik geizt.

David Schildknecht arbeitete im Einzelhandel, als ich ihn kennen lernte. Wir wurden schnell zu Blutsbrüdern und sind es geblieben, auch wenn sich unsere Interessen auseinander entwickelt haben.

Unter den vielen Menschen, die mir über das übliche Maß hinaus Ermutigung und Unterstützung gewährten, stechen Howard Silverman, Bill Mayer, Tom Schmeisser, Paul Provost und Hiram Simon heraus.

Die ersten Sommeliers, die meine Weine in ihr Programm aufnahmen, waren wahre Pioniere. Zu ihnen gehören Scott Carney, Andrea (vormals) Immer, Daniel Johnnes und Steve Olsen. Alle sind noch immer in verschiedenen Stellungen im Geschäft tätig, sie haben es also ganz gut überstanden, ihren Kopf so weit aus dem Fenster zu strecken.

Alice Feiring half mir dabei, einen Agenten und einen Verlag zu finden. Als ich sie darum bat, waren wir noch kaum miteinander bekannt, trotzdem bot sie mir mit anrührender, kaum glaublicher Großzügigkeit ihre Unterstützung an.

Marnie Old scheute für dieses Projekt weder Zeit noch Mühen, wofür ich ihr danke.

Betsy Amster ist eine wunderbare Agentin, Kritikerin und Freundin.

Blake Edgar war über die Maßen freundlich, während ich seine Geduld mit dem Manuskript dieses Buches traktierte.

Ich arbeite mit außerordentlichen Menschen zusammen. Kevin Pike, Liz DiCesare, Jonathan Schwartz und Leif Sundström sind allesamt viel mehr als Kollegen; sie gehören zur Familie. Meine Partnerschaft mit Michael und Harmon Skurnik war vom ersten Moment an die reine Freude und bleibt der beste Zug, den ich – in einem raren Augenblick von Weisheit und Luzidität – je gemacht habe, seit ich ins Weingeschäft eingestiegen bin.

Ohne den weisen Rat und die beständige Freundschaft von Peter Schleimer hätte ich nie mein Programm österreichischer Weine auf den Weg bringen können, ganz zu schweigen davon, dass ich ein weit weniger glücklicher Kerl wäre.

Ich danke jedem einzelnen Winzer, den ich je repräsentiert habe, für das Privileg, mit ihrer ausgezeichneten Arbeit verbunden gewesen zu sein, und für das Vertrauen und die Freundschaft, die sie mir erwiesen haben.

Doch eine Familie ragt heraus, und dazu muss ich eine kleine Geschichte erzählen.

Von meiner ersten Reise zu den deutschen Weinbauregionen im Mai 1978 kehrte ich in einem Zustand hingerissenen Staunens zurück. Ich machte mich sofort daran, alle Händler erlesener Weine in München ausfindig zu machen, um zu sehen, was ich in der Nähe meines damaligen Wohnsitzes kaufen konnte. Einer dieser Händler hatte seinen Verkaufsraum in einem Keller in einer nahen Vorstadt, und ich sah mir bei meinem ersten Besuch gerade das Sortiment an, als ich die Stimme des Eigentümers hörte, der einen Kunden mit theatralischer Blasiertheit zusammenstauchte. Ich sah mich um, und mein Blick fiel auf einen jungen Mann, der offenbar hier angestellt war. Befremdet zogen wir gemeinsam die Augenbrauen hoch.

Ich ging auf ihn zu. »Hat er wirklich eben diesen Kunden ange-mistet?«, fragte ich. »Oh, der läuft sich gerade erst warm«, antwor-tete er. »Je weiter der Tag voranschreitet, desto schlimmer wird's.« Damit begann eine Freundschaft mit diesem Angestellten, die heute schon über 30 Jahre lang währt. Ich erfuhr, dass der junge Mann der Sohn eines Winzers namens Strub in Nierstein war, ein Dorf knapp südlich von Mainz, das ich gerade besucht hatte. »Wenn du das nächste Mal kommst, besuch doch bitte auch unser Weingut«, lud er mich ein.

Walter Strub war mitten in seinen Wanderjahren, als er auf das Gut zurückkehren musste. Sein Vater hatte einen Herzanfall erlitten und seine Mutter einen Unfall gehabt. Nun wurde Walter gebraucht. In den folgenden vier Jahren besuchte ich ihn oft, und wir saßen an so manchem Abend beim Wein zusammen und retteten die Welt, wie es junge Männer zu tun pflegen. Als ich mich darauf vorberei-tete, in die Vereinigten Staaten zurückzukehren, fuhr Walter die vier Stunden nach München, um mir zu helfen, meine Weine zu verpa-cken und zu verschicken. Er war der erste Winzer, der mir einen unabgefüllten Wein zu kosten gab, bevor die Dosage zur Anpassung der Endsüße beigemischt wurde.

Als mir einige Jahre später die Idee kam, ein Portefeuille aus deut-schen Weinen aufzubauen, war Walter der Erste, den ich besuchte. Da gab es schon Margit, die er bald heiraten sollte. Ich vertrete die Weine von Strub vom ersten Tag an und habe mehr angenehme Stunden mit ihm und Margit verbracht als mit irgendjemandem sonst, den ich kenne.

Dazu wäre es womöglich nicht gekommen, hätte ich einen pein-lichen Fehltritt gebeichtet, den ich gleich am Anfang beging. Es war Juli, und ich war in Deutschland, um die erste Version meines Portefeuilles zusammenzustellen. Ich begann mit einem Besuch in Nierstein, wo Walter und Margit mich in ihrem Gästezimmer unter dem Dach einquartierten. Es war mein erster Tag, ich litt am Jetlag. Wir waren viel zu lange aufgeblieben und hatten absurd große Men-gen Wein vertilgt. Irgendwann in der Nacht musste ich dringlichst

Wasser lassen. Das Haus war dunkel und seine schmalen Holzstufen steil und knarrend. Ich hätte das Licht einschalten und alle aufwecken oder versuchen können, im Dunkeln die Treppe hinunterzustolpern und einen Sturz zu riskieren. Zu allem Übel fing es auch noch an zu regnen. Doch das brachte mich auf eine ekelhafte Idee: Ich könnte doch aus dem Fenster pinkeln! Der Regen würde es fortspülen, und niemand würde es jemals erfahren. *Ahhhh ...!*

Als ich am nächsten Morgen aufstand, schaute ich aus meinem Fenster und sah meinen Urin auf dem Wagen von Walters Vater. Als ich viele Jahre später diese erbärmliche Angelegenheit beichtete, erntete ich schallendes Gelächter. »Mein Vater hat nie verstanden«, lachte Walter, »woher wohl dieser grüne Fleck auf seinem Dach stammen mochte!«

Als Hans Selbach starb, traf ich Vorbereitungen, um nach Europa zu fliegen und an seiner Beerdigung teilzunehmen. Ich würde in weniger als 36 Stunden vor Ort sein. Ich rief Walter an und sagte, ich würde auf ein Kännchen Tee hereinschauen – Nierstein ist nur 25 Minuten vom Frankfurter Flughafen entfernt –, bevor ich mich auf die zweistündige Fahrt an die Mosel machte. »Tu das nicht«, protestierte Walter. »Ich hole dich ab, und wir können zusammen zur Mosel fahren. Hinterher nehme ich dich mit zurück nach Nierstein.« Als ich die Freundschaft in seinen Worten vernahm, kamen mir beinahe die Tränen. Er würde mir die Kosten, die anstrengende Fahrt und die Einsamkeit ersparen. Das ist wahre Freundschaft.

Eine lebenslange Freundschaft gerät unweigerlich auch ab und zu einmal in stürmisches Wetter, wie es auch bei uns der Fall war und wieder sein könnte. Aber es gibt keinen einzigen Tag, an dem ich der Familie Strub – Margit, Walter, Sebastian, Johannes, Juliane und sogar Emma, der pinkelnden Beagle-Hündin – nicht für ihre Herzensgüte dankbar bin.

Dieses Buch ist mit Liebe für sie alle geschrieben.

Register

Hardcover PLUS

Buch und E-Book sind jetzt Freunde!

Der Kauf dieses Buches berechtigt Sie zum einmaligen
Download des Textes als E-Book.
Damit Sie lesen können, wie und wo Sie wollen.

Dies ist Ihr Code für den Download des E-Books:

TTMWKNT3CHT

Gehen Sie auf www.hardcover-plus.de
und geben Sie den Code dort ein.

Bitte beachten Sie, dass die Weitergabe des E-Books
an Dritte nicht gestattet ist.